WortWechsel
Lyrik und Prosa aus der Montagswerkstatt

WortWechsel
Lyrik und Prosa aus der Montagswerkstatt

Herausgegeben von

Marie-Luise Grünig-Martin

Mit Fotos von Marie-Luise Grünig-Martin

Die Mitglieder der Montagswerkstatt e.V. haben nicht nur durch ihre Textbeiträge und Honorarverzicht zur Realisierung von „Wort-Wechsel" beigetragen, sondern auch intensiv bei der Textauswahl und -erfassung, den Redigier- und Korrekturarbeiten mitgewirkt.

Die Montagswerkstatt e.V. ist ein gemeinnütziger Verein und finanziert sich aus Spenden und Mitgliedsbeiträgen.

Herstellung und Verlag:
Books on Demand GmbH, Norderstedt
ISBN 978-3-8423-4280-4

WortWechsel

Lyrik und Prosa
aus der Montagswerkstatt

HERAUSGEGEBEN VON
MARIE-LUISE GRÜNIG-MARTIN

Vorwort

Liebe Leserinnen, liebe Leser,

‚Der WORTE sind genug geWECHSELt' sagten sich die Mitglieder des Montagswerkstatt e.V. im Frühjahr und setzten alles dran – gemäß Goethe – ´auch endlich Taten sehen´ zu lassen. Sie begannen, an ‚WORT-WECHSEL', der achten Anthologie der Gruppe, zu arbeiten.

Hatte Erlebtes und Gedachtes schon zuvor den WECHSEL zum gestalteten WORT durchlaufen, war WORTmaterial zum WORTschatz geworden, folgten nun viele WORTWECHSEL im WECHSELseitigen konstruktiven Austausch der Gedanken und Erfahrungen, um das eine oder andere WORT auszuWECHSELn, WORTbedeutungen zu hinterfragen – manchmal wurde die reinste WORTklauberei betrieben –, WORTspiele und WORTschöpfungen zu kreieren.

Jeder der Gruppe kam zu WORT, als es darum ging, die Texte für ‚WORT-WECHSEL' auszuwählen, einen abWECHSLungsreichen WECHSEL der Texte zu gewährleisten, den WECHSEL zwischen Lyrik und Prosa, Ernst und Heiterkeit, romantischem Gefühl und Ironie einzubringen. Manch PerspektivenWECHSEL wurde eingeleitet, bis das letzte WORT zur Textanordnung gesprochen war. Nun bringen in dem Kapitel ‚Aus wirft der Tag die Wege' nicht nur Reiseeindrücke TapetenWECHSEL, und bei ‚So wunderliches Rauschen trägt das Meer' führen nicht nur Gedichte zu einem StimmungsWECHSEL. Überwiegend finstere Zeiten spiegeln sich in dem Kapitel ‚Über kahles Geäst geht die Zeit', doch erfolgt ein gedanklicher FarbWECHSEL bei ‚Ich tanze das Blau'.

Der nächste Arbeitsschritt erforderte einen ständigen BetreuerWECHSEL: Die Texte WECHSELten von den Autoren zu der, die die Texte im Computer er-fasste, zu denen, die Korrektur lasen, zu der, die die passenden Fotos machte, zu der, die sich des Lay-outs annahm, zu denen, die die Bausteine in einer Textdatei zusammenfügten und der Druckerei über-ließen – manch BriefWECHSEL unterstützte und beschleunigte das Geschehen.

Nun liegt ‚WORT-WECHSEL' in unseren und Ihren Händen und trägt hoffentlich zu vielen WORT- und PerspektivenWECHSELn bei.

Marie-Luise Grünig-Martin
(Erste Vorsitzende des Montagswerkstatt e.V.)

Peter Inzen
Montagswerkstatt

Freitags
ist Montagswerkstatt:
Schreibkreationen gemeinsam besprechen.
Ich erfahre Inspiration und
Motivation

Aus wirft der Tag die Wege

Anna Maria Nagl-Lerch
Aus wirft der Tag die Wege

Zwischen
Verschweben und Blau
es durch die Lüfte schwingt
aus wirft der Tag die Wege

Peter Inzen
Über den Wolken

Wie spontan Willy, der Pilot, und seine Kumpel reagierten, als sie erfuhren, dass ich sie nicht mehr bediene, weil ich gefeuert bin!
„Was?! Warum du? Warum feuerst du nicht die Manager?"
Sie schienen nicht zu verstehen.
„Naja, wie auch immer," beteuerte Willy, „du sollst wissen: Hier an diesem Tisch hast du Freunde. Auf immer! Und morgen kommst du mit uns zum Fliegen. Willst du?"
Klar will ich. Noch nie flog ich in einer kleinen, einmotorigen Maschine.

Tags darauf, unterwegs zum Flugplatz am Stadtrand, hege ich Zweifel, ob dieses Angebot wirklich so gemeint war. Zu oft in den vergangenen Monaten erwiesen sich mir Freundschaftsbeteuerungen und Großzügigkeitsangebote als leeres Geschwätz. Sind die Flieger tatsächlich meine Freunde? Sind sie verlässlich? Bislang waren sie doch nicht viel mehr als meine Stammgäste in der Bar, oft genug besoffen, mich mit mäßigen Manieren kommandierend, dann wieder überschwänglich begrüßend und lobend ...
Am Flugplatz aber erwarten sie mich schon, freuen sich sichtlich über meine Ankunft. Ich schlendere herum, begrüße alle, plaudere, atme Atmosphäre. Die Piloten kannte ich bislang eher als ausgeprägte Whiskykonsumenten und Polterer; jetzt erlebe ich sie ernst und konzentriert, ihrem harten Job ergeben, der ihnen täglich etwa 1000 Quetzal einbringt – mehr als ein gewöhnlicher Monatslohn in Guatemala! Doch diese Arbeit kostet auch viel Energie und hin und

wieder ein Leben. Ob die Trinkerei abends in der Bar Ausgleich oder Kompensation bietet?

Ich beobachte, wie sie ihre einmotorigen Cessnas beladen: Oldtimermaschinen, 30 Jahre und älter, in den USA längst als Schrott ausgemustert, aber gut genug für die ‚III. Welt', verkauft, aufgemotzt, immer noch ihren Dienst leistend. Auf ihren Flügen transportieren sie Bananen, Mais, Kardamon und andere Landwirtschaftsprodukte von umliegenden Fincas in die Stadt, sowie Lebensmittel, Werkzeuge, Kaufhauskram zurück ins Dorf. Manche Maschine ist bis unters Dach vollgepackt: Eierschachteln, Coladosen, Geschenkpakete; dazwischen und darauf sitzend einige Fincabewohner.

Willy kommt, lässt mich wiegen: 145 Pfund – leicht genug für den nächsten Flug.

Einen Kontrollturm gibt es in Cobán nicht. Der Flugplatz wird über Funk von den Flugzeugen aus kontrolliert. Schnell heben wir ab, ziehen eine Schleife über der Stadt, dann westlich über weitgestreckte Dschungelhügel und vereinzelte Bananen- und Kardamonpflanzungen.

Ein sonniger, klarer Tag. Nur gelegentlich überfliegen wir kleine Wolken, und manchmal erscheint dabei für Momente auf dem Wölkchen unter uns ein kreisrunder Regenbogen mit dem Schatten unseres Flugzeugs darin. Ich fühle mich angenehm aufgeregt, voll aufnahmebereit. Keine Spur von Angst. Wäre solch ein erhebendes Erlebnis nicht gar einen raschen Tod wert?

Willy erweist sich als ruhiger und sicherer Pilot, landet erstaunlich sanft auf den kurzen Graspisten der straßenmäßig schwer zugänglichen Dörfer und Gutshöfe von Verapaz.

Mehrmals wird die Maschine entladen, wieder bepackt und zum nächsten Dorf geflogen. Nur Willy hat

einen richtigen Sitz. Ich hocke auf einem Sack mit Mais, lehne an zwei Kardamonsäcken, die im Flugzeug den Duft eines arabischen Haremsbads verbreiten. Zurück in Cobán, wieder unten, fühle ich mich richtig ‚high'.

Anna Maria Nagl-Lerch
Ich bin die ...

Ich bin die, die alt geboren
    an Tageslast sich müht

Ich bin die, die windesgleich
    mit der Sehnsucht fliegt

Irmgard Osterrieder
Was hab ich mich gesorgt ...

Was habe ich mich gesorgt, das warme und kalte Wasser würde mir ausgehen. Sah mich eingeseift unter der trockenen Dusche oder mit leerem Toiletten-Spülkasten bei Durchfall.
Eines Tages lief im Waschmaschinenzimmer ein Rinnsal am Knie des Abflusses der Wohnung über mir (ca. ½ m Rohr) herunter und tropfte auf den Boden. Aufgeregt ließ ich bei der Vermieterin anrufen, die auch gnädig irgendwann kam und die Spuren am Rohr betrachtete. Die Ursache ließ sich nicht feststellen. Nie wieder gab es Tropfen im Waschmaschinenzimmer.

Was habe ich mich gesorgt, das warme und kalte Wasser würde mir ausgehen.
An jenem Morgen wäre das besser gewesen. Die Überschwemmung – beim Duschen stehe ich ja immer im Wasser, deshalb hatte ich nicht gemerkt, daß der Abfluss im Bad verstopft war – ging bis hinaus auf den Gang, bis hin zur Küchentüre.
Also habe ich zunächst alles in einen Kübel gewischt und versucht, so schnell wie möglich zu sein. Trotzdem hat sich der Laminat-Fußboden vollgesogen, hat sich die eine oder andere Leiste (Pressspan mit Plastikbezug) gewellt. Ob ich die Vermieterin informieren sollte habe ich nicht lange überlegt, sondern bin gleich in den Keller zum Haus-Management gefahren.

Zufällig war die Dame da, die Englisch kann, so hat man mir nach wenigen Minuten jemanden geschickt, der mit Drahtspirale und Saugstampfer im Bad gewütet hat.

So viel Dreck! Der Abfluss ist mit dem der Toilette kombiniert. Aber wenigstens floss danach das Wasser wieder ab.

Was habe ich mich gesorgt, das warme und kalte Wasser würde mir ausgehen.

Eines Nachts rauschte ein Wasserfall die Ablaufrohre im Schacht entlang. Das Geräusch weckte mich. Da die Schadstelle eindeutig nicht in meinem Bad war, konnte ich mich überreden, weiterzuschlafen. Morgens lief es immer noch, das Wasser kam außerdem warm aus der Wand gesickert; da schrieb ich einen Zettel auf Englisch, die Heizung sei geborsten, und fuhr damit ins 2. Untergeschoss zum Management. Es kamen auch, obwohl es erst kurz nach 8 Uhr morgens war, ziemlich rasch zwei Männer, horchten, schauten, zeigten nach Oben und sprangen aus der Wohnung. Etwa eine Stunde später waren sie wieder da und saugten das Wasser aus einer Art Auffangbecken im Schacht ab. Auch ein Mann mit einer Kamera kam und machte Aufnahmen von den Wasserlachen.

Später tropfte es von der Decke, weil sich soviel im Mauerwerk angesammelt hatte. Auf meine Fragen hieß es, der Wasserfall würde noch im Laufe des Tages versiegen, ich müsste einfach noch etwas Geduld haben. Das war sehr optimistisch.

Zwei Tage hat es gedauert, bis sie den Heizungs-
rohrbruch repariert hatten, und heute noch riecht es
manchmal modrig im Bad.

Was habe ich mich gesorgt, das warme und kalte
Wasser würde mir ausgehen. Hatte mir überlegt, was
wohl mit der Waschmaschine passieren würde – hört
sie auf zu arbeiten oder arbeitet sie trocken weiter?
Merken würde ich es spätestens, wenn keine Lauge
ausgespuckt wird.

Abgelaufen ist das Wasser aus der Waschmaschine
seit einiger Zeit irgendwie nicht so richtig. Eine kleine
Überschwemmung hatte es immer gegeben, die Flie-
sen waren für einige Minuten nass, aber so hoch wie
bei den letzten Malen stand das Wasser in dem klei-
nen Raum vorher nie. Den Abfluss hatte ich geprüft
und gesäubert, das hat aber gar nichts gebracht. Doch
ehe ich mich aufraffen konnte, eine Chemie-Keule zu
kaufen, musste ich beim nächsten Waschen
feststellen, dass gar nichts mehr ging. Damit das
Zimmer nicht überläuft, ließ ich die Lauge in den Kübel,
und den Rest habe ich ausgeschöpft. Danach fuhr ich,
das Wörterbuch an den entsprechenden Stellen
eingemerkt, zum Management, habe die Begriffe
gezeigt und ansonsten Theater gespielt. Fünf Minuten
später kam ein junger Mann und spiralte im Abfluss
herum. Dreck kam so gut wie keiner raus, aber er
machte immer weiter, zeigte mir ein Stück gebogenen
Draht, das er schon herausgeholt hatte, und während
ich noch zusah zog er ein 45°-Wasserleitungsknie aus
dem Abfluss. Danach war das Wasser sofort
abgelaufen. Das Knie hebe ich mir auf.

Was habe ich mich gesorgt! Jetzt sorge ich mich nicht
mehr, das Wasser könnte ausgehen.

Brigitta-Lea Scherleitner
Wild der Wein

Wild der Wein, blutrot
geschmiegt an Schattenmauern.

Bald wird er verglüh'n.

Suse Schneider-Kleinheinz
Verflucht noch mal

Mein ist der Himmel,
mein die Erde in der frühen Morgenzeit.
Noch schlafen die Nachbarn, die Hunde, die Autos.
Ich gebeugt über dem Gemüsebeet. Die Karotten sind
aufgegangen und viele wilde Kräuter auch. Flink, fast
wie beflügelt, die kleine Hacke in meiner Hand.
Beflügelt auch ich in der Ruhe, die mich beglückend
umgibt.
Plötzlich zerreißt Motorradgeknatter die Stille.
In rasendem Tempo ganz nah dem Gartenzaun ent-
lang.
Mir bleibt die Luft weg.
Schon ist der Kerl weitergedüst.

Ich atme auf.

Er rattert zurück,
donnert vorbei,
und wieder her.
Der Mensch hat ja gar kein Ziel, er kommt nirgends an,
er hat nur die Macht von Motor und Krach unterm
Hintern, und damit dreht er voll auf,
knattert hin und her,
her und hin,
immer dicht am Gartenzaun,
und ich bin ihm ausgeliefert.
Verflucht noch mal, an den nächsten Baum soll's ihn
hauen!

Am Tag danach im Polizeibericht der Zeitung der töd-
liche Motorradunfall. Zeit und Ort stimmen. Ein Baum
an der Kurve, nur einige hundert Meter von uns ent-
fernt.

Seither haben Motorradfahrer bei mir das Narrenrecht.

Yan Yan Ping
Spiel

Irgendwann merkst du,
dass das Leben kein Spiel ist
und die Welt nicht dein Spielfeld.

Irgendwann merkst du,
dass man ein Spiel auch verlieren kann
und das Leben nicht immer so spielt,
wie du es gern hättest.

Irgendwann stellst du fest,
dass das Glück nicht ewig hält
und dir spielend entgleitet.

Und du siehst spät
was du verspielst
wenn du ein Spiel lebst
oder dein Leben spielst.

Irmgard Osterrieder
Ein Freitag, wenn auch nicht der 13.

Bin um ½ 6 aufgestanden, da hatte ich jede Menge Zeit bis zu meinem Termin bei der Massage um 8:20 Uhr. Zu viel Zeit. Es wurde knapp für den Bus, und der kam auch noch zu früh – also ist er mir vor der Nase davongefahren. Macht nichts, dachte ich, nehme ich den in die andere Richtung, sind nur 5 Minuten, die andere U-Bahn, komme immer noch rechtzeitig.

Dummerweise blieb die U-Bahn irgendwo auf der Strecke stehen, bloß ein paar Minuten, aber es bedeutete für mich, den Fußweg danach recht schnell zu gehen. Unter dem zweiten Hausgerüst (es wird viel renoviert in diesem Viertel!) trat ich auf eine Stelle mit eingetrockneter Farbe, die doch nur oberflächlich eingetrocknet war, so dass ich mit dem einen Schuh in Beige stand. Gleich abputzen, auch wenn blau und beige zusammenpassen. Rennen.

Am Empfang habe ich meine Entschuldigung runtergehaspelt. Die Empfangsdame sagte: „Aber Sie haben heute gar keinen Termin!" – was nicht stimmte, aber ihre Kollegin hatte vergessen, mich einzutragen – und „meine Hände" waren nicht frei.

Na gut, da würde ich mich am Bahnhof um die Erstattung einer zu teuer bezahlten Online-Fahrkarte kümmern, ehe ich nach 10 Uhr mein Auto aus der Werkstatt holen könnte.

Vom Schalter links in der Bahnhofshalle schickte man mich nach rechts „Wir sind ein Reisebüro, die Bahn ist drüben", und dort (meine Schlange war natürlich die kürzeste, aber auch die langsamste) erfuhr ich, ich müsse das telefonisch oder über's Internet regeln.

Auch so vergeht Zeit. Ich holte das Auto, fuhr sehr vorsichtig, gleich heim und in die Garage – es war ja wohl nicht mein Tag.

Um dann die Fahrkartenerstattung zu erledigen, rief ich die vorgegebene Nummer an; für 15 Cent pro Minute gelangte ich über verschiedene Automatenantworten schließlich an eine letzte, die dreimal wiederholte, dass alle, die meinen Anruf entgegennehmen könnten, zur Zeit beschäftigt seien, ich sollte es später nochmal versuchen, ehe die Leitung ganz verstummte und mich im Nichts hängen ließ.

Gegen Abend war ich mit meiner Freundin zum Essen verabredet. In der U-Bahn kam, wie in letzter Zeit schon so oft, die Fahrkartenkontrolle, und wie immer zeigte ich meinen Abo-Ausweis. „Haben Sie nichts anderes?", fragte der Kontrolleur. „März 2009 ist schon lange vorbei."

Total perplex schaute ich das Datum und dann ihn an: „Ja ich weiß nicht, verlängert sich das nicht automatisch?" wunderte ich mich, und nach einigen Nachfragen, auf die ich immer nur „Ich erinnere mich nicht" antworten konnte, bekam ich einen Schein zum Herzeigen in der Poccistraße, falls ich doch noch die aktuelle Abo-Karte finden würde, gleichzeitig die Aufforderung zum Bußgeldzahlen.

Der Abend war schön, und ich kam ganz vergnügt nach Hause, schüttelte nur ab und zu noch den Kopf, wenn ich daran dachte, wie viele Monate lang meine abgelaufene Abo-Karte kontrolliert worden war!

Dass in einem der Nachbargärten ein Sommerfest gefeiert wurde, fand ich gar nicht so schlimm. Und dass sie dort kein Ende fanden, verstand ich gut genug, um nach jeder Lachsalve wieder einzuschlafen. Um ½ 4 wurde ich durch einen Sprechchor, ähnlich wie im griechischen Theater, geweckt, der offenbar in jenem Garten probte. Immer wieder die rhythmisch gesprochenen Wörter, Stille, und von vorn. Erst nach längerem Zuhören – auch wenn ich nichts verstand – kam mir der Gedanke, dass da eine Gruppe von Feiernden mit einem Rapper „mitsang" und immer wieder das gleiche Stück gespielt wurde.

Alle Fenster zu schließen half wenig, außerdem wurde die Wärme dann unerträglich. Erst gegen 5 Uhr hatte sich die Energie der Rapper verbraucht, und dankbar, dass in den vergangenen 24 Stunden kein wirklich echter Schaden entstanden war, auch wenn es nicht „mein" Tag gewesen ist, schlief ich ein.

Muß ich dazusagen, dass sich im Auto der 5. Gang seither nicht mehr einlegen lässt?

Yan Yan Ping
Dialog

"Schau in den Spiegel!
Was siehst du?"
"Mich selbst!"
"Wie bist du?
Wie findest du dich?
Schön?"
"Nein!"
"Attraktiv?"
"Nein!"
"Gut aussehend?"
"Nein!"
"Wenigstens ein bisschen hübsch?"
"Auch das nicht!"
"Magst du etwas an dir?"
"Mhmm… glaub nicht."
"Nicht mal irgendetwas?"
"Nein!"

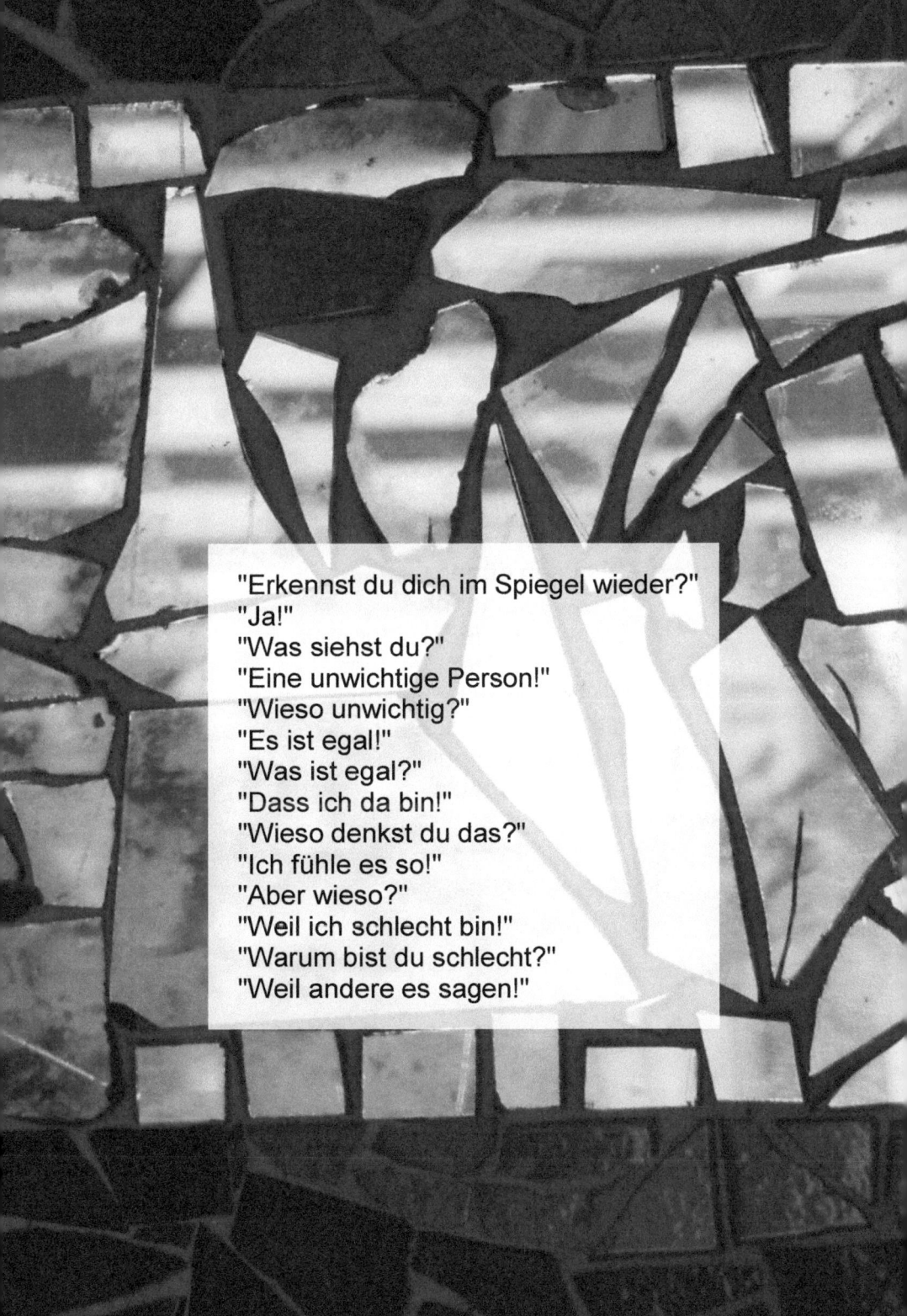

"Erkennst du dich im Spiegel wieder?"
"Ja!"
"Was siehst du?"
"Eine unwichtige Person!"
"Wieso unwichtig?"
"Es ist egal!"
"Was ist egal?"
"Dass ich da bin!"
"Wieso denkst du das?"
"Ich fühle es so!"
"Aber wieso?"
"Weil ich schlecht bin!"
"Warum bist du schlecht?"
"Weil andere es sagen!"

Brigitta-Lea Scherleitner
Zweistundentakt

Schlafen dürfen
im Zweistundentakt
bis wieder die Nachtgestalt
nach dem Atem lauscht,
die Schüssel bringt,
die Infusion wechselt
oder einfach nur
trocken bettet.

Peter Inzen
In reclame veritas

Miesmacher beharren auf dem Standpunkt, Werbung sei Lüge. Wachsamen Zynikern sticht ins Auge, wie viel Wahrheit doch in der Werbung steckt.
So hatte beispielsweise der Münchner Bäcker- und Konditormeister P. – womöglich Opfer ungebändigter Verdien-Eifrigkeit – seinen Kunden Backwaren verkauft, die mit toten Kleintieren und deren Kot sowie mit Schimmel und Rost würzig verseucht waren. Erst die Anzeige einer misstrauischen, statt arglos genießenden Kundin brachte dem Konditor Ärger, eine Geldstrafe und Reinlichkeitsauflagen für seine Backstuben.

Seinen geringen Gewinn (bei 2 Millionen jährlichem Umsatz) habe er dann vollständig in neue Geräte und Umbaumaßnahmen investieren müssen, beteuerte der Geschäftsmann, bevor er seine Läden wieder öffnen durfte, an deren Schaufenstern ein Öko-Werbeslogan der Bäckerinnung prangt: „Brot ist gebackene Natur".
Eben!

Irmgard Osterrieder
Ankommen

Das Hotelzimmer war der Ort des Sich-Zurückziehens und Sich-Einfindens. Bett, runder Tisch, zwei Sessel- chen, Schreib- oder Toilettentisch, Bad – Gegenge- wicht zu den Autoschlangen, den Radfahrer-Pulks, den Menschenmengen auf den Fußwegen, den vollen Lifts, zur Konfusion im Büro.
Eine Oase der Ruhe.
Man rühmt sich – obwohl mitten in Peking gelegen –, eines der größten Parkhotels in China zu sein. Insbe- sondere in den ersten Nächten, da der Wach-Schlaf- Rhythmus komplett durcheinander war und ich wegen der Hitze (bis zu 38°) oft erst am Morgen eingeschlafen bin, habe ich um 3, 4 Uhr viele Tierstimmen gehört, die ich nirgends einordnen konnte – Unken, Kröten, vielleicht auch ein Nachtvogel? Wurde es hell, kamen die Elstern und – mit großem Geschrille die Mauersegler. Hunderte, die knapp an den Hauswän- den entlang jagten und ihren Hunger stillten.

Nach zwei Wochen verwandelte sich das Hotelzimmer irgendwie, es wurde eng, und jetzt sah ich den schmutzigen Teppich, den halb abgerissenen Vorhang. Es war an der Zeit, eine Wohnung zu suchen.

Die meisten Ausländer wohnen im Osten; das Büro liegt im Westen, und man fährt etwa zwei Stunden, ein- fach, von Ost nach West, außer morgens um 6, ½ 7 Uhr, da geht es etwas schneller. Vier Stunden Le benszeit jeden Tag auf der Straße! Kein erfreulicher Gedanke. Im Westen gebe es aber keine Makler die Englisch sprächen, die seien alle im Osten, man sei auf Chinesisch angewiesen ... Allerdings hatte die Bibliothekarin, die ein paar Monate früher gekommen war, etwas gefunden, ¾ Stunde zu Fuß vom Büro entfernt, und sie kam mit der Information zu mir, ihre Vermieterin wisse von anderen Wohnungen, auch möblierten, in dem Komplex, in dem sie lebt.

So war rasch ein Besichtigungstermin vereinbart für drei Wohnungen: Im 20. Stock zwei Bäder, große Küche, vier Zimmer, noch nicht eingerichtet; aber ausgelegt mit einem aprikosenfarbenen Teppichboden. Ich sah mich ängstlich jeden Fleck entfernen.

Im 16. Stock drei Zimmer, kleine Küche, ein Bad, Fußboden in Holzlaminat, die Einrichtung wuchtig, überwiegend schwarz.

Im 12. Stock, die gleiche Wohnung, aber der Fußboden weißes Holzlaminat, helle Polstermöbel, chinesische Holzstühle, ein Latten-Holzparavant, der das Zimmer gegen die Eingangstür abschirmt, ‚damit das Geld nicht zur Tür hinausfliegt[*] – denn man steht nach dem Öffnen der Eingangstüre sofort im Wohnzimmer.

Von allen drei Wohnungen der Blick nach Osten, auf den direkt neben den Häusern liegenden „Schwarzer Bambus"-Park und den See darin, dahinter die Staatsbibliothek, in der Ferne die drei Türme des Xi Zhi Men (Westliches Tor).

---

[*] chinesische Redewendung

Nach dieser Exkursion kam mir das Hotelzimmer noch kleiner vor. Und hatte ich mich anfangs gefreut, dass das Fenster nach Norden ging und also keine Sonne hereinkam, um es aufzuheizen, so schien mir der Raum jetzt entsetzlich dunkel.

Aber ich war unentschlossen. Jetzt brauchte ich nur eine Straße zu überqueren, um im Büro zu sein. Es gab über das Hotel auch Wohnungen zu mieten. Also telefonierte ich um einen Termin zur Besichtigung (man spricht Englisch). Sie zeigten mir zwei Zimmer im Erdgeschoss mit Blick auf die Hoteleinfahrt, der Hauseingang vernachlässigt, die Zimmer abgewohnt, alles aus den 70er Jahren, einzig neu war ein riesiger Fernsehapparat. Kein Herd in der Küche, den müsste ich mir selber besorgen. Ohne dass ich nachgefragt hätte, ging die Angestellte mit dem Preis herunter, sprach von einem Spezialangebot.

Eine Woche lang habe ich überlegt. Der 20. Stock kam nicht in Frage, viel zu groß; auch der 16. nicht, die Möbel hätten mich erschlagen; der 12. sehr wohl. Die Hotelwohnung blieb nur wegen der Nähe zur Arbeit attraktiv.
Ich ging mir die Wohnung im 12. Stock noch einmal anschauen. Sofort beziehbar. Würden sie die Miete etwas reduzieren? Kein Problem. Der Kühlschrank wird morgen geliefert, auch eine Waschmaschine. Schreibtisch und Stuhl ins Arbeitszimmer? Kann ich haben. Könnte ich am 15. einziehen? Gerne.

Das alles mit einer freundlichen Chinesin, die ausgezeichnet Englisch spricht und mit einem Deutschen verheiratet ist, als Dolmetscherin.
Da habe ich zugesagt.

Jetzt wohne ich im 12. Stock. Licht. Platz. Diese Sonnenaufgänge! Elstern gibt es im „Schwarzer Bambus"-Park auch. Ich vermisse einzig die Mauersegler, sie sind schon weg. Fledermäuse morgens und abends sind ein lautloser Ersatz.

Warmes und kaltes Wasser ebenso wie Gas und Strom werden über Zähler abgerechnet, die rechtzeitig nachgeladen werden müssen, so sind unbezahlte Rechnungen ausgeschlossen. Gas ist zunächst nicht so wichtig, weil ich es nur für das Teewasser brauche, mit dem Kochen halte ich mich zurück. Das Essen in den Restaurants ist viel besser, als ich es je machen könnte! Das Elektrische ist schon dramatischer, wenn der Strom ausginge wären Licht, Aircondition, Fernseher, Mikrowelle, Kühlschrank etc. weg. Und ohne Wasser sehe ich mich mit Shampoo im Haar, eingeseift, unter der Dusche stehen, beide Wässer sind zufällig gleichzeitig aufgebraucht und kein Tröpfchen kommt mehr aus der Leitung. Natürlich habe ich sofort vorsorglich alles gekauft, auch wenn eine gewisse Menge vorhanden war.

In einer Art „Patio" mit Fenster zum See, einer Tür in die Küche und einer Schiebetüre ins Arbeitszimmer steht auf einem kleinen Podest unterm Fenster die

Waschmaschine. Alle Hinweise auf der Maschine sind auf Chinesisch; neulich bat ich meine Lehrerin, mir zu erklären, was da steht, wie das geht. Es gibt nämlich eine Menge Lichter und Knöpfe. Das Wichtigste habe ich mir tatsächlich gemerkt; es funktioniert! 30, 60, 95 Grad – nein, alles wird kalt gewaschen, in einem Bottich, von oben befüllbar, keine Trommel.

Endlich lässt sich auch ein seltsames Geräusch zuordnen, das ich aus dem unteren oder dem oberen Stock gehört habe: das Geräusch der Wäsche im Wasser, wenn der Bottich die Dreh-Richtung ändert.

Der Abflussschlauch ist in einen Abfluss im Fußboden gesteckt, was bedeutet, dass Wäschewaschen immer Bodensäubern einschließt.

Das Bad ist weiß gekachelt bis zur Decke; ein paar Blätterranken ziehen sich durchs Weiß – ein hübscher Effekt. Das Waschbecken ist in eine Ablage aus Pressmarmor eingelassen; es gibt eine Toilette, aber ach, wie niedrig!; gibt kleine Chrom-Regale für Kosmetik und Handtücher; gibt einen Brausekopf mit zwei Halterungen an der Wand, für Kopf und Knie. Keine Badewanne, keine Duschwanne, ein Abfluss im Fußboden. Der Brausekopf hatte, wann immer das Wasser aufgedreht wurde, einen kleinen Springbrunnen dort, wo Schlauch und Griff zusammenkommen, der in die der Brause entgegengesetzte Richtung spritzte.

Wird schon alles auf chinesisch funktionieren, dachte ich mir vor der ersten Dusche. Nach der ersten Dusche war alles nass – Boden, Tür, Toilette, Waschbecken.

Mit Hilfe des vorhandenen Mops und einiger alter Handtücher baute ich am Boden eine Barriere, um das Wasser nicht überall im Bad zu haben; versuchte, den Springbrunnen mit der Hand abzudecken – war aber alles nutzlos. Bloß der Mop wurde bei diesen Gelegenheiten ganz vom Baudreck befreit. Oh Graus! Die Barrierehandtücher wurden gar nicht mehr trocken und muffelten vor sich hin.
Ich habe mir einen Wischer gekauft, der sich mit einem Handgriff auswringen lässt. Die Brause ist repariert, ein Duschvorhang angebracht, so dass nur noch der Boden im Bad jeden Tag unter Wasser steht. Das gehört offenbar so. Herumliegen darf natürlich nichts ...

Ins Schlafzimmer passt gerade noch ein zusammen-geklapptes Bügelbrett.

Im Arbeitszimmer stand der Schreibtisch so, dass der Blick auf zwei alte chinesische Holzstühle an der ge-genüberliegenden Wand fiel. Dieses Arrangement vermittelte mir den Eindruck, als würden auf den Stühlen zwei Bittsteller sitzen, die meiner Gnade „Ihr könnt gehen" oder Ungnade „Kopf ab!" harrten. Jetzt stehen die Stühle über Eck und der Schreibtisch ist um 90° gedreht, so dass das Licht durch die Schiebetür darauf fällt.

Sehr froh war ich, am Tag des Einzugs festzustellen, dass es in der Wohnung ein Telefon gibt – Festnetz-anschlüsse sind nicht üblich. Ich hatte zwei Apparate, einen im Wohnzimmer, einen im Schlafzimmer.

Nachdem Vermieter und Vermittlerin gegangen waren, versuchte ich sofort, nach München zu telefonieren. Keine Berechtigung, sagte eine Metall-Stimme auf Chinesisch und Englisch.

Die Freischaltung der Ferngespräche zu veranlassen hatte mir die Vermittlerin versprochen. Und prompt klingelte es am Montag früh um 7 Uhr an meiner Wohnungstüre. Das Englisch des China Telecom Mit-arbeiters war ungefähr so gut wie mein Chinesisch. Die Wohnungsvermittlerin musste angerufen werden, um für mich aus dem Chinesischen ins Englische zu übersetzen bzw. für ihn umgekehrt. Zum Schluss habe ich noch ein Formular ausgefüllt und wer weiß was unterschrieben, und dann wollte er 2.000 RMB von mir, sozusagen als Kaution. Da konnte ich nur lachen. 100 RMB, mehr war nicht im Geldbeutel. Ich versprach ihm das Geld für den nächsten Morgen, und er akzeptierte tatsächlich!

Außerdem beschwor mich jeder, mir ein Handy anzu-schaffen. Es ist fast so wichtig wie ein Pass, überall wird die Nummer abgefragt. Jetzt „schleppe" ich das Ding also ständig mit mir herum und werde vielleicht im Laufe der nächsten Monate lernen, damit umzugehen – wie ich schon so vieles gelernt habe und wohl auch noch lernen muss.

Peter Inzen
Heimat

Schon
meine Heimat
weil hier geboren?
Ich mag München lieber
besuchsweise.

Peter Inzen
Projekt „Sieben Kurzstreckenfahrkarten"

In die 19er-Tram steigt ein Grüppchen ostasiatischer Touristen. Einer von ihnen hält der Fahrerin einen Geldschein hin, worauf sie mürrisch hinter sich deutet: „Do is da Automat!" Ich stehe auf und biete den irritierten Gästen meine Hilfe an, erhalte erfreute Blicke und Verbeugungen.
Sieben Reisende sind's – da gäb's also ein „Partner-Ticket für bis zu fünf Leuten" plus zwei Einzelfahrscheine. Aber halt! Die wollen nur bis Hauptbahnhof. Ohne Rückfahrt. Heute keine weiteren Fahrten. Also gerademal vier Haltestellen. Kurzstrecke! Siebenmal Kurzstrecke kommt günstiger als das „Partner-Ticket" plus zwei Einzelfahrscheine.

Der Fahrkartenbeauftragte der Reisegruppe drückt gemäß meiner Hinweise den Automatenknopf „Kurzstrecke" und sucht hektisch den passenden Schlitz für seinen Zehner. Ohje! Dieser Automat nimmt bloß Münzen oder die „paycard".

Gemeinsam bringen meine Freundin und ich genug Kleingeld auf, den Geldschein zu wechseln.

Erneut startet das Projekt „Sieben Kurzstreckenfahrkarten". Der zickige Automat macht daraus eher einen zähen Kampf. Schon naht die Haltestelle Hauptbahnhof.

Dem fleißigen Herrn steht der Schweiß auf der Stirn, aber er vollendet die aufwendige Aktion gerade rechtzeitig vor'm Aussteigen. Dankbar verbeugt er sich zuletzt und lässt uns wissen: „We got good lesson. German people very hard working people!"

Suse Schneider-Kleinheinz
Adee

Mueß mei Manteltasch flicke.
Die hot e Loch.
's Sacktuech fällt durch
ond d'Zeit.

Ond i merk's erscht,
wo i nötig e Sacktuech bräucht
ond e wengele Zeit.

Peter Inzen
Besorgt

Schlagartig abgestoppt.
Mit Mühe den Sturz vermieden.
Herausgerissen aus sanftem Abwärtsrollen, traum-
verloren auf meinem Fahrrad.

Aufgerüttelt durch den vorwurfsvollen Zuruf dieses
Herrn, der mir den Ast in die Speichen warf:
„Halllooo!?
Du kannst hier nicht Fahrrad fahren!
Siehst du das nicht?!
Auf solchen Wegen machst du es dir kaputt!"

Suse Schneider-Kleinheinz
Nachmalig heiter

Am Geburtstag
kommen
Patentante,
Patenonkel,
    er mit Hut,
    sie unterm Tuch,
zu Besuch,
ein jeder mit einer Tüte,
oben zusammengewickelt.

Der einen entnimmt
das Geburtstagskind
eine hellgrün-kunstseidne Unterhos',
zeitlebens zwei Nummern zu groß,
    ach so, ein Geschenk fürs Leben.
Aus der anderen –
    der Onkel sagt:
    „Etwas zum Spaß" –
eine Kaffeetass'
und einen Keramikkrug.
Die Tante sagt:
„Das ist genug."
Na bitte! Denk ich.
„Ja danke!" sag ich.

Wie hilfreich, Dank zu sagen.
Ich wüsste sonst nicht,
was ich sagen sollt.

Auf dem Sekretär der Krug
mit jungen Lärchenzweigen.
Ich mochte deren Duft
in meinem Mädchenzimmer.

All das
war plötzlich wieder da,
als ich im Garten
die sprossende
Lärche sah.

Peter Inzen
Eine Busfahrt in Guatemala

Längst bevor ich den Bus erreiche, umringen mich schon einige Werber oder ‚Helfer', beschreien mich – beinahe suggestiv – mit den Namen verschiedener Bus-Bestimmungsorte: Huehue! Momos! Chichi! Mazate! Guate! Xela! Seltsam, fast wie Insidercodes klingende Abkürzungen oder indianische Namen von Städten. Da ich nicht sofort zu- oder absage, packt mich einer am Arm und versucht, mir den Rucksack abzunehmen, um ihn gleich auf den Dachständer zu werfen. Für ihre Hilfsaktivitäten wird ihnen später der Fahrer jeweils ½ Quetzal (ein Zehnerl) in die Hand drücken.

„Gibt's noch Platz?" frage ich, als ich den Bus finde, den ich brauche.
„Klar! Jede Menge. Steigen Sie ein! Rasch!"
Die Antwort klingt, als führen wir umgehend ab.
Der Bus ist gesteckt voll. Diese alten US-amerikanischen Schulbusse, dort längst ausrangiert, werden von den Guatemalteken noch jahrelang genutzt und voll ausgelastet: Wo ehedem pro Sitzbank zwei US-Schüler saßen, nehmen nun jeweils drei erwachsene Guatemalteken Platz; Kinder, die kostenlos fahren, sitzen auf den Knien der Eltern oder stehen zwischen den Sitzenden.
Ein einziger Sitzplatz, also ein Drittel Sitzbank, ganz hinten, ist noch frei. Mühsam verstaue ich mein Ge

päck, dränge mich auf meinen Sitz, der gerade mal einer Hinternhälfte Untergrund bietet.

Nach 20 Minuten stehen wir immer noch da. Hieß es vorhin nicht „rasch!"? „Gleich fahren wir ab. Ahorita!" Was genau bedeutet ‚ahorita'? ‚Jetzt gleich?' ‚Sofort?' Oder ‚jetztchen' gemäß der Verkleinerungsleidenschaft der Lateinamerikaner. (Auch ‚ahoritita' habe ich schon öfter gehört.) So, wie sie es benutzen, kann ‚ahorita' alles bedeuten: ‚sofort'; ‚in einer Weile', ‚nach Stunden'; vielleicht auch ‚gar nicht'. Das berüchtigte ‚mañana' höre ich in Mexiko und Mittelamerika selten.

Händler quetschen sich durch den vollen Bus, rufen ihre Waren aus: Paletas! Eiscreme! Palomitas! Popcorn! Tacos! ... Einer verkauft gebratene Hühnerbeine und Tortillas. Mein Nachbar greift zu.

Der Fahrer lässt den Motor schon mal an, lässt ihn laut aufheulen – ob's gleich einen rasanten Start gibt?

Eine Wolke schwarzer Auspuffgase dringt von hinten ins Businnere. Noch immer steigen Fahrgäste zu.

Ich lese – in ziemlich ungemütlicher Körperhaltung – einen Artikel in der ‚Prensa Libre'. Mein Nachbar, sein fetttriefendes Hühnerbein schmatzend, liest mit; und plötzlich habe ich seinen öligen Finger auf meiner Zeitung. „Mensch!" ruft er seinem Kumpel zu, der hinter mir sitzt, „sie haben den Chapo verhaftet, schau mal an! Da steht's. Die mexikanische Polizei konnte ihn nicht kriegen. Sie brauchten die Hilfe unseres guatemaltekischen Zolls. Wir sind schon Kerle!" Jetzt erst nimmt er den Finger wieder von der Zeitung, und ich sehe den Fettfleck sich ausbreiten.

Endlich fahren wir ab. Dadurch, dass je drei Personen die Bänke besetzen, gibt es eigentlich keinen freien Durchgang mehr. Trotzdem zähle ich nun doch zwölf stehende Fahrgäste. Es gibt in Guatemala ein Gesetz, das Stehplätze in Überland-Bussen untersagt. Das hält wenige Fahrer davon ab, ihr Fahrzeug zu überfüllen. Nur: Wenn der Bus einer Polizeikontrolle naht, ruft der Fahrer hastig: „Alles runter!", und sofort gehen alle Stehenden in die Knie. Bloß der eine ‚Gringo', der nicht durchblickt, um was es geht, steht dann verdutzt und aufrecht wie eine Insel unter all den Sitzenden und Geduckten ...

Der Chauffeur scheint nun die vorhin verwartete Zeit wieder einholen zu wollen. Rasant führt unsere Fahrt über den kurvigen, streckenweise sehr löchrigen Panamerikanischen Highway, durch wunderschöne Bergszenerie. Von der schönen Landschaft allerdings kriege ich heute nur wenig mit. Das Geschehen im Bus fesselt meine Aufmerksamkeit und kostet all meine Konzentration. So vollbepackt die Karre ist, so unbequem das Sitzen (oder gar Stehen) sein mag – niemand beschwert sich. Ich höre auch keines der Kinder, die nicht besonders zimperlich behandelt werden, klagen oder jammern. Haben sie nie gelernt, zu klagen?

Ich erinnere mich einer Busfahrt in Alta Verapaz, im nördlichen Guatemala: Ich hatte einen Stehplatz, der Bus füllte sich weiter, man forderte mich auf, noch mehr nach hinten zu rücken. „Es geht nicht mehr", entgegnete ich. „Dicht hinter mir stehen Kinder. Ich will keinem von ihnen weh tun."

Damit jedoch erntete ich bloß unverständliches Lächeln. Später beobachtete ich, wie rücksichtslos Kinder manchmal weggedrängt oder umhergeschoben werden. In solchen Situationen ahne ich einen unentwegten Wunsch dieser Kinder, so schnell wie möglich ‚erwachsen' zu werden.

Auf der selben Busfahrt sah ich dann, wie eine Mutter vorne im Bus ihr kleines Söhnchen an's geöffnete Fenster hochhielt, weil er dringend pinkeln musste. Die Dahintersitzenden schlossen panikartig ihre Fenster. Die aber noch weiter hinten Sitzenden bekamen die Szene nicht mit, dafür einen warmen Nieselregen – ganz unverständlich, wo doch der Himmel wolkenlos blau war ...

Hygiene: Für einen Mitteleuropäer in Zentralamerika ein häufiges Konfliktthema; auch auf Busfahrten. Fast regelmäßig gibt es jemanden, der im Bus kotzt oder sich anderweitig entleert. Die Spucker und Rotzer sind weitverbreitet. Jetzt beobachte ich einen Mann, der sich durch zwei Finger und die offene Hand hindurch zum Fenster hinausschneuzt, dann, was an der Hand hängenbleibt, an einer Sitzlehne abschmiert. Eine alte Frau rotzt dezent in ihren Rock. Eine Familie hat an einer Haltestelle durch's Fenster einem ‚Fliegenden Händler' Mangos abgekauft und schmaust sie nun genüsslich. Nachdem die Kerne achtlos aus dem Fenster geworfen sind, werden die klebrigen Hände wieder zum Sich-festhalten benutzt. Nach jeder Busfahrt ist der Boden übersät mit Eierschalen, Hühnerknochen, Nussschalen, Essensresten, Plastiktüten. Auch die Bodenspucker trugen das ihrige dazu bei.

Zwei jüngere Mädchen stiegen in einem kleinen Dorf zu, suchen sich nun einen passablen Stehplatz. Die Größere lehnt sich ohne Zögern mit ihrem Rücken an mich, macht es sich an meiner Schulter bequem, spürbar entspannt; in Rechtskurven bekomme ich ihr gesamtes Gewicht zu tragen. Menschen in Lateinamerika wachsen mit weniger Berührungsangst auf als wir Mitteleuropäer. Manchmal scheint mir: Unbewusst suchen sie sogar Nähe und Enge. Immer wieder stellen sich Leute gerade dort auf, wo's schon Engpässe gibt. Bei weniger vollen Bussen nehme ich wahr, dass die allererste Sitzreihe zumeist gleich so aufgefüllt wird, dass Nachfolgende sich mühevollst durchzwängen müssen, um leere Plätze weiter hinten zu erreichen. Erstaunlich aber, wie geschickt manche sich durch die Masse drängeln können; die Schaffner zum Beispiel, denen wohl im überfülltesten Bus kein Passagier beim Abkassieren entgeht.

Wir kommen an. Für 100 km benötigten wir drei Stunden. Aber bei den Spottpreisen (100 km / 3 Std. Fahrt / DM 1,20) ist Schnelligkeit, Pünktlichkeit, Bequemlichkeit nicht zu erwarten.

Peter Inzen
Mitbringsel
Sei uns willkommen!
Bring bloß NICHTS mit!
Doch gerne deinen Rucksack voll mit Zeit.
Auch gute Laune mögen wir.
Bring DICH!

Irmgard Osterrieder
Chinesisches Capriccio

Früher, so steht zu lesen, lebten die Städter in Häusern, die im Quadrat um einen Innenhof gebaut waren, und außen herum war oft noch eine Mauer. So war häusliche Zurückgezogenheit garantiert. An den moderneren (nicht den ganz neuen) Wohnhäusern blieb diese Tradition erhalten. Zur Straße hin sieht man die alten Klimaanlage-Kästen und verrosteten Balkone, oft als Müllzwischenlager oder Wäschetrockenplatz genutzt. Die Innenhöfe sind bepflanzt, Wege, Spielplätze für den Nachwuchs und Trimm-Dich-Geräte für die Senioren, Wasserfontänen, Steinlandschaften sind angelegt; hier werden morgens und abends Kinder, Hunde und die Greise ausgeführt, hängen während der Ferien die Halbwüchsigen herum – hier wird gelebt. Was auf der Straßenseite ist, interessiert niemanden.

In Kaufhäusern und Supermärkten kann man Pampers kaufen. Selten aber sehe ich jemanden mit diesen Riesenpaketen unterwegs. Vielleicht verwenden die Mütter sie nur in den ersten Wochen?
Kleinkinder sind oft sehr herausgeputzt, mit gleichfarbigen Hosen, Jacken und kleinen passenden Mützchen; oder ein bisschen größere Mädchen mit ihren hoch gebundenen Rattenschwänzen, Buben haben den Kopf geschoren bis auf die drei (oder auch nur einen!) traditionellen Haarflecke. So stampft einem ein einjähriges Kind entgegen, dick und rund und

wohlgenährt. Sehe ich es davonlaufen, schaut der nackte Popo raus. Die Hosen sind hinten nur am Bund und dann noch etwa eine Handbreit darunter zusammengenäht, sonst offen. Statt Papierwindeln zu benutzen, hocken die Kleinen im Gras oder werden über der Wiese hochgehalten – und gleich geht's weiter!

Dick und rund sind nur die ganz kleinen Kinder und ab und zu ein Teeny. Ab zehn, elf Jahren sind sie schlank, die Mädchen grazil wie bei uns in Deutschland oft mühsam abgehungert.
Die meisten jungen Frauen kleiden sich sehr chic hier im Universitätsviertel. Sie sind von Natur aus zierlich und anmutig, zu ihren schwarzen Haaren passen fast alle Farben; wie Püppchen spazieren sie durch die Straßen. Die jungen Männer, so sie nicht im vorge-schriebenen Anzug stecken, laufen dagegen schäbig angezogen herum. Nicht selten sah ich entsprechend ungleiche Paare – sie mit hohen Absätzen, in auf Figur geschnittenem Kleid, die Haare raffiniert hochgesteckt, schön geschminkt, und er in ausgelatschten Tennisschuhen, ausgebeulten, schlecht sitzenden Stoffhosen, die grad mal die Waden bedeckten, Un-terhemd oder ausgewaschenem T-Shirt, mit ausge-wachsenem Bürstenschnitt.

Leitplanken aus Aluminium gibt es in der Stadt kaum. Die Straßenspuren sind durch mannshohe Gitter ge-trennt (Pekinger fahren über alles drüber, sagt man mir, was niedriger als 1,20 m ist). Dort wo richtige Mittelstreifen angelegt sind, also auf (fast) allen gro ßen Straßen in der Stadt, bilden diese Gitter eine Rankhilfe für Heckenrosen – weiß, rot, lachsfarben, gelb, rosa, veredelte und ganz einfache. Richtig schön, im Mai daran vorbeizufahren.

Heiß waren Juli und August, 38° bis 40°, kein Lüftchen regte sich. Die Sonne brannte schon am Morgen. Um sich den hellen Teint und damit die Eleganz der Städterin zu bewahren, gingen alte und junge Frauen mit Sonnenschirmen. Die Radlerinnen trugen oft einen Umhang aus Seide oder vielleicht Gaze, um ihre Arme zu schützen, etliche sogar Handschuhe; viele hatten eine Art Käppi mit durchsichtigem Schirm auf – allerdings ist das so, dass der Schirm, ca. 20 cm, vorne über das Gesicht hängt.
Verhüllten sich die jungen Frauen, so taten die alten Männer das Gegenteil. Breitbeinig saßen sie auf den Bänken, das Unterhemd zu einer Wurst über der Brust zusammengeschoben, und mit einem Fächer wedelten sie ihren Buddha-Bäuchen Kühlung zu.
An klaren Tagen, wenn ein guter Wind den Dunst über der Stadt verweht hat, lassen die alten Männer Drachen steigen. Wie übergroße Vögel stehen diese sehr hoch am Himmel – wer würde das bei trübem Wetter sehen?

So wunderliches Rauschen trägt das Meer

Anna Maria Nagl-Lerch
So wunderliches Rauschen

So wunderliches Rauschen
trägt das Meer
Sternenstaub der Wind

Inmitten weißen Zaubers
schimmert auf die Nacht

Flockenleicht die Wolkenzinne
im flüchtigen Märchen verschwebt.

Anna Maria Nagl-Lerch
Sonnenscheu

Sonnenscheu
die Feine
als Nebelrose blüht.
Ich wahr ihr Blatt
gedankenrot.

Suse Schneider-Kleinheinz
Marienkäferchen und Amaryllis

Es war einmal ein Regenbogen, der war so groß, dass er sich von einem Ende der Erde bis zum anderen Ende der Erde spannte. Und er war so vollkommen und so prächtig, dass er von seinem Anfang bis zu seinem Ende in allen seinen Farben schimmerte. Mitten unter dem Bogen stand eine Amaryllispflanze und wölbte zwei ihrer langen, schmalen Blätter zum einen Ende des Regenbogens und zwei zum anderen. Die grüne Blütenknospe aber reckte sich kerzengerade in die Höhe.
Genau an dieser Blütenknospe krabbelte ein Marienkäferchen hinauf. Als es an der Spitze angekommen war, schaute es ringsum, entdeckte den Regenbogen und verspürte große Lust, auf ihm tanzen zu gehen.
„Soll ich es mal versuchen?" fragte der Käfer die Knospe.

„Stör mich nicht, Dummkopf, rede keinen Unsinn! Beschäftige dich mit vernünftigen Dingen! Gehe auf Läusejagd!"

Diese Antwort war nicht gerade freundlich oder ermunternd, aber der Käfer dachte: ‚Nun erst recht!'

Er lüftete flugs die Flügel, hob ab und landete kurz darauf genau auf dem Rand des Regenbogenschüsselchens, in dem das eine Ende des Bogens seinen Anfang nahm. Er legte die Flügel zusammen und begann sogleich, auf der bunten Brücke empor zu klettern. Das war zunächst sehr schwer, denn der erste Teil des Bogens steht ja bekanntlich fast senkrecht auf dem Boden, was vermutlich damit zusammenhängt, dass er nicht ausrutscht, denn alles, was bolzengerade ist, steht besser, als wenn man krumme Sachen macht.

Es ließ sich Zeit, das Marienkäferchen, setzte immer sechsmal Schritt vor Schritt,

verschnaufte,

winkte der Amaryllis zu, die sicher nichts davon merkte, weil sie so tat, als ob sie schliefe; es zählte nach, ob der Regenbogen noch alle Farben beisammen habe

und trippelte weiter,

immer sechsmal Schritt vor Schritt.

Je höher es kam, um so wärmer wurde ihm von der Anstrengung und sicher auch deshalb, weil es doch immer näher zur Sonne kam. Es zog unter seinen roten Deckflügeln einen zierlichen Sonnenschirm hervor, spannte ihn auf und begann, auf lustige Weise zu tänzeln, und sang:

Eins zwei drei, zwei zwei drei,
Sonne sticht den Schirm entzwei.
Vier fünf sechs, fünf fünf sechs,
Juhu! Amaryllgewächs!

Dabei hüpfte es, wenn es „Eins zwei drei, zwei zwei drei" sang, mit dem jeweiligen Beinchen der rechten Seite, und bei „Vier fünf sechs, fünf fünf sechs" mit dem jeweiligen Beinchen der linken Seite, denn es war ein ordentliches Marienkäferchen, das seine Beine genau nummeriert hatte. Bei „Sonne sticht den Schirm entzwei" und „Juhu, Amaryllgewächs" wirbelte und warf es den Sonnenschirm hin und her, dass es lustig anzuschauen war. Selbst die Amaryllisknospe lächelte, obwohl sie doch eigentlich schlief.

Gegen die Hitze allerdings halfen weder Tanz noch Schirm. Schweißtröpflein für Schweißtröpflein tropfte von seiner schwarzen Stirn.

Und weil dies genau zu der Zeit geschah, als der Marienkäfer am höchsten Punkt des Regenbogens angelangt war, fielen seine Schweißtropfen auf die Amaryllisknospe.

Sie schmiegten sich dicht an dicht, bis sie sich zu einem matt glänzenden Krönchen zusammenschlossen, in dessen jeder Perle die Regenbogenfarben schlummerten.

Als der Käfer das Wunder entdeckte, flüsterte er staunend: „Aus meinen Schweißtropfen ist ja eine Krone geworden!"

Die Perlenkrone blieb für alle Zeiten auf der Knospe haften, und wenn eine Amaryllis sich entfaltet, ist in jeder Blüte ein Krönlein zu sehen.

Brigitta-Lea Scherleitner
Eine Landschaft mal ich mir

Eine Landschaft mal ich mir
ohne Baum und ohne Strauch
ohne Häuser, ohne Menschen.

Dann lass ich die Augen wandern
und die Landschaft wird belebt
durch die eigenen Gedanken

und ich gehe,
werde ruhig
auf den Wegen, die ich schuf.

Anna Maria Nagl-Lerch
Zart spielt Musik

Zart
spielt Musik
über die Fjorde
über die Wasser
und fern den lichtblauen Meeren
in deinen Tag

Du lauschst dem Klang
der einst für dich
die Träume sang

das Glück.

Irmgard Osterrieder
Die Zauberflöte

Im Büro war große Aufregung. Die Staatsoper München gab mit der „Zauberflöte" ein Gastspiel an der Chicago Opera, und der Chef hatte die Beteiligten zu einem Empfang zu sich nach Hause eingeladen. Um alle Personen in den Vorort, in dem er wohnte, bringen zu können, wurde ein VW-Bus angemietet, und weil kein anderer sich als „Chauffeur" fand, erklärte Agnes sich dazu bereit; sie hatte einige Erfahrung mit Transportautos.

Auf dem Hinweg saßen einige Künstler mit dem Intendanten in einer Stretchlimousine, andere nahmen sich ein Taxi. Im VW-Bus kamen nur ein paar Beleuchter mit.

Die Premiere war für den nächsten Tag angesetzt, und außer der ‚Königin der Nacht' und dem Intendanten wollten alle Ensemblemitglieder recht früh zurück ins Hotel. Die Taxierfahrungen waren wohl nicht so berauschend gewesen, so hatte niemand etwas gegen den nicht standesgemäßen VW-Bus einzuwenden. Gerade als Agnes starten wollte, kam auch noch der Dirigent dazu.

Auf dem Expressway ging es zurück in die Stadt. Links neben der Straße lag dunkel und groß wie ein Meer der Michigan See, rechts zog sich der Yachthafen hin.

Plötzlich begann Agnes zu zittern.
Wer da alles mit im Auto saß!
Der Dirigent der Zauberflöte!
... die Pamela!
... der Sarastro!
... die Papagena!
... der Tamino!
... der Papageno!

Wenn sie jetzt einem unbeleuchtete Objekt jäh aus-
weichen müsste oder sonst wie die Herrschaft über
das Auto verlöre, würde mit ihr die gesamte Zauber-
flöte ins Wasser fallen.

Anna Maria Nagl-Lerch
Auf gestrigen Schiffen

Auf
gestrigen Schiffen
klaren die Laute

Zuwirft
dem Seemann
die Segel
der Wind.

Irmgard Osterrieder
Julihasen

Kaninchen, die graben sich einen Bau und werfen darin ihre Jungen, klein und nackt. Die Feldhasen, die setzen ihre Jungen irgendwo hin, eins da, eins dort, wie sie grad unterwegs sind. Wenn die Häschen auf die Welt kommen, sind sie schon fertig entwickelt, haben ein Fell und können sehen. Wieso ich das so genau weiß? Als Bub mit vielleicht 10, 12 Jahren bin ich in den Ferien ja immer in Mittenheim gewesen, und habe dort dem Onkel Ambros geholfen. Der Onkel hat für's Gut gearbeitet, und natürlich war er froh, wenn ich kam!

Der Onkel fuhr in den dreißiger Jahren schon einen der wenigen Traktoren, die es damals gab, einen Lanz, mit extra breiten Rädern, weil der Boden nördlich von Schleißheim sehr feucht war – das Gebiet gehört zum Dachauer Moor. Mit einem starren Ausleger wurden die Wiesen gemäht. Dort im Moos lebten viele Hasen, und sie setzten ihre Jungen gerade dann, wenn die zweite Mahd war.
Der Onkel wollte die kleinen Hasen aber nicht töten, deshalb hatten wir uns ein Warnsystem ausgedacht. Ich saß ganz draußen auf dem Ausleger, dem Mäh-balken, und hatte eine Schnur in der Hand, die dem Onkel um den Arm gebunden war. Wenn ich also ein Häschen im Gras liegen sah, zog ich heftig an ihr, der Onkel stoppte den Traktor, und ich sprang ab, trug

das Tier auf gleicher Höhe ein paar Schritte dorthin, wo wir schon gemäht hatten, so dass die Häsin es trotzdem wieder finden würde, um es zu säugen. Erst dann fuhren wir weiter.

Kannst dir schon denken, wie lange wir manchmal gebraucht haben für eine Wiese! Wahrscheinlich waren dem Onkel Ambros die Hasen ausgewachsen und gebraten das wert.

Brigitta-Lea Scherleitner
Licht, das Schatten warf

Als Kind fand ich
den größten Schatz.
Ein kleiner Scherben Glas
lag auf dem Weg,
von andern nicht beachtet.

Getönte Wirklichkeit hielt ich
ans Auge und baute
eine Stadt Türkis
und schuf das Land
um sie herum:
türkis die Berge, blau die Erde,
und Licht, das Schatten warf,
orange.

Und diese Stadt
und dieses Land
gehörten mir,

    mir

       ganz

         allein.

Anna Maria Nagl-Lerch
Staunend

Staunend
der Blüten
der lilafarbenen, stillen
bind ich den Schnittlauch
den Tagblumen gleich.

Anna Maria Nagl-Lerch
Weihnachtsträumig

Weihnachtsträumig
schlafen Kinder
in der Stille dieser Nacht
träumen Wünsche herzeinnig
nach Sternenwelt und Himmelsklang

Wundersam naht ein Geläute
lichterhell in ihren Traum

Zage öffnen sie die Augen
leises Staunen
lautes Leuchten!
Kinderfreude füllt den Raum.

Anna Maria Nagl-Lerch
Wunderklar die Winternacht

Wunderklar
die Winternacht
mit ihrer Sternenzier

Ich sehe fernstes Leuchten
    nah.

Über kahles Geäst geht die Zeit

Anna Maria Nagl-Lerch
Über kahles Geäst

Über kahles Geäst
geht die Zeit
übers müde Feld

Weit hinten im Tag
steigt noch ein rapsgelber Laut.

Suse Schneider-Kleinheinz
Zwiesprache

Wie sich einst dem Ritter
Tod und Teufel zugesellt,
teilt zur Zeit mit Schwester Sorge
nun der Kummer meine Welt.

Kummer, willst du mich betören?
Kummer, willst du mich belehren?
Willst mein zweifelnd Ich verheeren,
parasitengleich verzehren?

Lehr' mich meines Geistes Waffen
Wirksam gegen dich zu führen.
Ach, mit tückisch list'gem Lachen
Wirst du jeden Schlag parieren,
und ich schreie gegen Wände,
ob denn dieser Streit bald ende.

Gib mir endlich deine Weisung,
Stehe Red und Antwort du,
und dann zieh mit Schwester Sorge
deines Wegs, lass mich in Ruh!

   Du schweigst?
   Du bleibst?

Wenn ich schon bedenken muss,
dass du mich umgibst,
zeig mir ab und zu als Gruß,
dass du göttlich liebst.

Wehre über allem Fechten,
Streiten, Leiden, Richten, Rechten,
wehr dem Geist und dem Gesicht
dieses letzte Lächeln nicht,
das verstehn kann und verzeihn:
Kummer, lass mich weise sein.

Brigitta-Lea Scherleitner
Verschwommen

Verschwommen Teile eines Rohres über seinem Kopf. Den Blick darauf zwingen, weiter nach hinten bis zum Knick – der Hals überstreckt sich – senkrecht nach unten fallen lassen in ein unscharfes Weiß, sich ausblenden. Am Kopf vorbei tastend ein Kissen erspüren, an eine Fläche stoßen. Etwas Dünnes greifen, nachfassen.

Blick auf ein weißgraues Kabel in der Hand. Die Augen wieder nach vorne bis zum Ende oder ist es der Anfang des Rohres mit dem großen, nach außen gedrehten Haken. Um eine fünfeckige Metallschnalle ist ein Lederriemen gewunden. Die beiden Enden hängen nach unten, die Seiten eines gleichschenkeligen Dreiecks bildend, mit einem Holzstück als Grundlinie. An der Spitze ist das fleckige Leder abgewetzt, die Ränder sind ausgefranst. Ein brüchiger Galgen für einen Galgenvogel. Leos Mundwinkel zucken. Er hebt den rechten Arm, zieht den Holm ein wenig zu sich herunter. Hält trotzdem ... beim Aufhängen. Im Gegenlicht sieht er die Einkerbungen im Holz. Wie viele Tage? Am linken Lederriemen vorbei schlängelt sich das weißgraue Kabel mit der Glocke. Das schwarze Auge des Klingelknopfes beobachtet ihn.

Eine flüchtige Bewegung am Boden. Eine Maus? Und während er sich noch fragt, wie das Tier ins zehnte Stockwerk der Klinik kommen konnte, beginnt der graue Pelz zu wachsen. Kopf, Schnauze, Ohren wer den größer und spitzer, der Schwanz lang und unbehaart.

Leo setzt sich auf.

Das Tier hält inne und putzt sich. 200 fache Vergrößerung. Er kann die Ringe am Schwanz zählen, zählt rasch.

Unterordnung: Mäuseverwandte (Myomorpha), Überfamilie: Mäuseartige (Muroidea), Familie: Langschwanzmäuse (Muridae),
Unterfamilie: Altweltmäuse (Murinae), Gattung: Ratten (Rattus), Art: Hausratte: (Rattus rattus)

Und während die Daten rattern, verändert sich das Tier abermals. Dünne, ledrige Häute wachsen zwischen den Vorderbeinen und dem Leib, zwischen Hinterbeinen und Schwanz, lassen nur mehr die Krallen der Zehen frei, der Körper scheint geschrumpft und doch wirkt das Tier größer durch die neue Spannweite. Der Kopf hat jetzt breitere und längere Ohren, die Schnauze ist eine Nase mit einem hufeisenförmigen Sattel. Das Tier erhebt sich schließlich in die Luft und flattert langsam, schmetterlingsartig gaukelnd durch den Raum.

Ordnung: Fledertiere (Chiroptera), Unterordnug: Fledermäuse (Microchiroptera), Überfamilie: Hufeisenenartige (Rhinolophoidea), Familie: Hufeisennasen (Rhinolophidae), Gattung: Hufeisennasen (Rhinolophus), Art: Große Hufeisennase (Rhinolophus ferrumequinum)

Schrilles Zirpen dringt schmerzhaft in Leos Gehirn. Er schüttelt den Kopf, wie um einen Mückenschwarm zu verjagen, will sich gerade wieder hinlegen, da wird etwas hinter seinem Rücken lebendig. Noch ein Tier? Den Kopf drehen, schnell über die Schulter blicken. Das Kissen bäumt und streckt sich, bäumt und streckt sich, schlüpft dabei – wie die Schlange aus ihrer Haut – nach und nach aus seiner Hülle, liegt regungslos. Der Kissenbezug vollführt plötzlich einen Satz in die Höhe, wirbelt und tanzt über Leos Kopf, verfolgt die Fledermaus, holt sie ein, deckt sie zu, gibt sie frei, streift sie im Flug, bleibt schließlich, nach einer wilden Jagd quer durch das Zimmer, sich überschlagend, an einem Garderobenhaken hängen, zieht und zerrt, um sich loszureißen – vergebens. Die Bewegungen werden immer schwächer, der Kissenbezug fällt in sich zusammen und hängt – nun jeglicher Kraft beraubt – als reine Hülle am Haken, fein gefaltet wie ein schlafender Flughund. Die Fledermaus flattert wie suchend mit keckernden Lauten von Zimmerecke zu Zimmerecke, fliegt schließlich in langem Bogen ebenfalls zur Garderobe, hängt sich kopfüber daran und wickelt sich in ihre Flughaut ein, verschwimmt ... nur noch verschwommen ...

Anna Maria Nagl-Lerch
Ungebeten

Ungebeten
der Zweifel
meine Gedanken verwirft

Ich schmeichle mit Worten
vergebens.

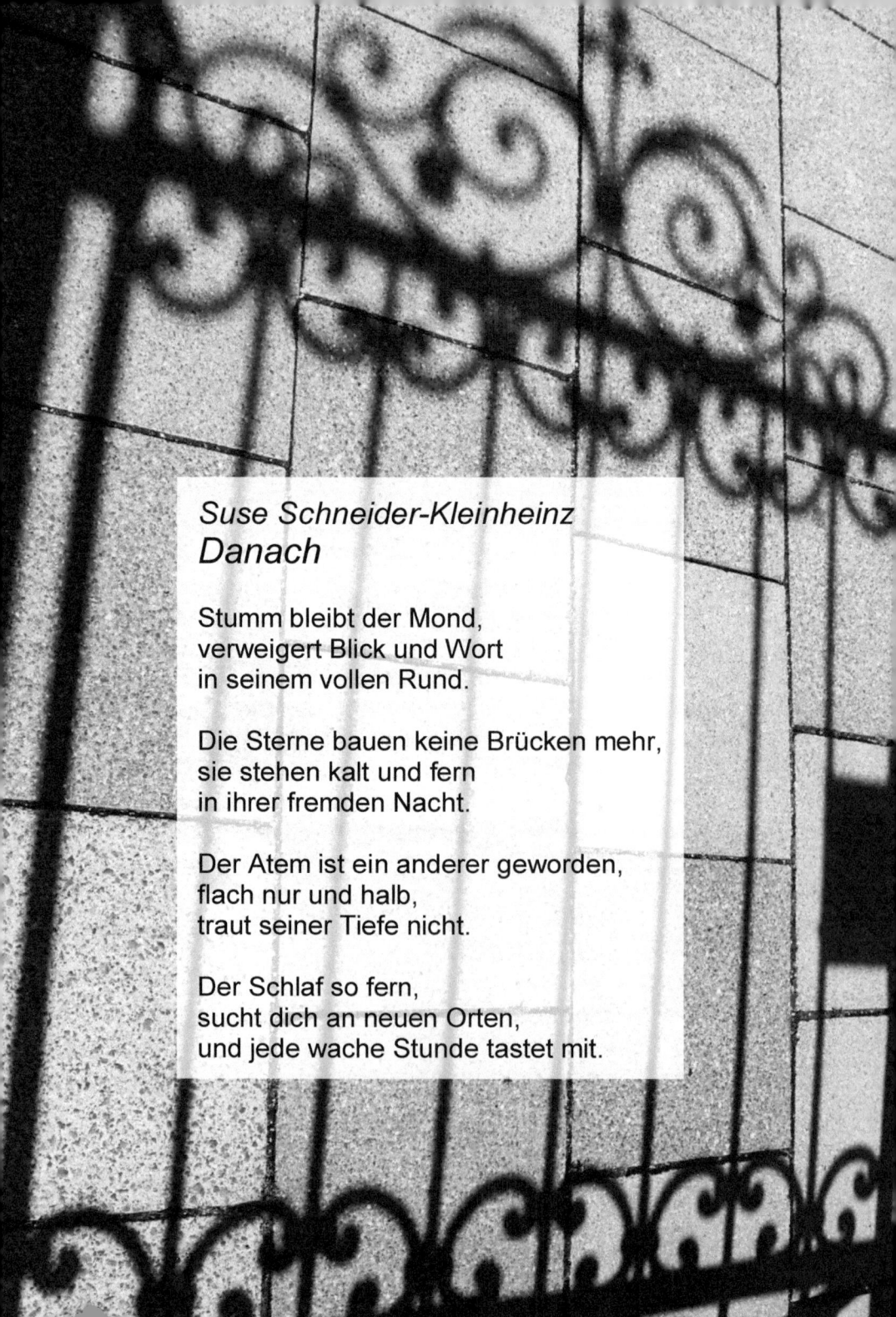

Suse Schneider-Kleinheinz
Danach

Stumm bleibt der Mond,
verweigert Blick und Wort
in seinem vollen Rund.

Die Sterne bauen keine Brücken mehr,
sie stehen kalt und fern
in ihrer fremden Nacht.

Der Atem ist ein anderer geworden,
flach nur und halb,
traut seiner Tiefe nicht.

Der Schlaf so fern,
sucht dich an neuen Orten,
und jede wache Stunde tastet mit.

Irmgard Osterrieder
Winter

Da ist sie wieder, die dunkle Zeit, die ich fürchte. Tage mit wenig Licht, Räume, in denen Schatten ihr Eigenleben führen, unendlich lange Nächte. Ich sitze im Zimmer, starre in den grauen Himmel und friere. Nicht, daß es kalt wäre in meiner Wohnung, die Zentralheizung funktioniert. Aber ich habe mehr als 70 Winter in meinen Knochen, in meinem Herzen. Sie wiegen schwer und lassen mich zurückdenken.

Die Winter meiner Kindheit, sie strahlen in verklärtem Glanz. Oder? Kratzige Wollwäsche, Schnee in den Stiefeln, eiskalte Finger trotz der Fäustlinge. Eisblumen im Schlafzimmer. Sie waren oft so dick wie die Plüschdecke, die tagsüber über mein Bett geworfen wurde. Heute gibt es - zumindest in der Stadt - Eisblumen nur noch in den Bushäuschen. Dafür bin ich den Verkehrsbetrieben dankbar. Eisige Kälte in den Zimmern, mit Ausnahme der Küche. Und das Klo lag hinter dem Haus.

Hat die Mamma meiner Kinderzeit je geschlafen? Es schien nicht so, war sie es doch, die mich und meine kleine Schwester mit einem heißen Stein am Abend ins Bett gepackt hat, war sie es doch, die morgens die Asche im Ofen durchgerüttelt hat in den Aschenschieber, ein Geräusch, das besser als später jeder Wecker den Schlaf vertrieb.

In einem Jahr gab es so viel Schnee, daß sich die Gartentür nicht öffnen ließ, es war einfacher, über den Zaun zu steigen, als den Schnee von der Gartentür zu schaufeln. Natürlich war auch der Weg außerhalb des Zauns nicht geräumt.

Aber das war vielleicht später, als der Glanz von den Wintern schon genommen war durch den Tod meiner Mamma – im Dezember. Da war ich zwölf.

War sie es, die vorher immer den Weg freigeschaufelt hat?

Ich musste meinen Kindern nie den Weg freischaufeln, dafür war der Hausherr zuständig; wir wohnten im 1. Stock zur Miete. Und Asche rütteln musste ich nicht lange. Mein Mann hatte einen Öltank gekauft und einen Ölofen, brachte das Öl in einer Kanne hoch. Standen die Türen offen, war es überall leicht temperiert und wir konnten in alle Zimmer gehen, ohne eine Gänsehaut zu bekommen. In der Küche wurde es wohlig warm, wenn wir die Türe geschlossen ließen. Nur das Bad wurde mit Holz und Abfällen geheizt, so dass der Popo nicht mehr fror und wir uns mit warmem Wasser waschen konnten.

Unten konnten die Kinder im verschneiten Garten toben, Schneeburgen bauen. An den Wochenenden ging es zum Skifahren. Ich war nicht dabei, war unsportlich. Meist wurde, wenn ich allein war, das Öl knapp, ich fürchtete, der Ofen würde ausgehen. Mein Rücken war kaputt, ich konnte keine volle Kanne hoch tragen, deshalb zitterte ich und hoffte, die andern würden früh zurückkommen. Wie sehr habe ich mir damals eine Zentralheizung gewünscht!

Jetzt sitze ich im Zimmer, starre in den grauen Himmel und friere. Nicht, dass es kalt wäre in meiner Wohnung, ich habe eine zentrale Heizung und alles ist warm.

Wenn die Kinder und Enkel mich besuchen, sagen sie mir irgendwelche Plattheiten vor: "Ohne Winter gäbe es keinen Frühling!" zum Beispiel, oder: „Schau wie die Sonne den Schnee glitzern und funkeln lässt!" Aber wann scheint sie schon, die Sonne – kurz sind die Tage, so oft ist es düster, wie auch viele meiner Erinnerungen düster sind.

Tief hängen draußen die grauen Wolken. Jede Schneeflocke vergrößert meine Verzweiflung. Ich wickle mich in eine Decke.

Ich fürchte sie, die dunkle Zeit.

Yan Yan Ping
Welk und gelb

Gelbe welke Blätter schweben herab
wie schön
von trauriger Schönheit

Gelbe welke Blätter schweben herab
ich sehe ihre Verwandlung
Blatt für Blatt ein Gesicht

Sie wecken Erinnerungen
welk und gelb
vom Leben aufgewirbelt
in die Luft geweht,
von der Zeit hin und hergefegt.
Wenn es Nacht wird, kriechen sie mit mir zusammen
unter die Bettdecke
noch einmal erinnere ich mich
ehe sie versinken, verweh'n.

Am nächsten Tag erzählen mir die Leute
der Frühling
ist da.

Irmgard Osterrieder
Aushalten

Als sie meinte, das Leben nicht mehr aushalten zu können, war Viktoria Ende 20. Vom Vater früh verlassen (seine zweite Familie vereinnahmte ihn voll), von der Mutter nicht geliebt (sie machte Viktoria für all ihr Unglück verantwortlich), vom Freund seit langem betrogen (ihm war die Beziehung zu anstrengend geworden), der Arbeitsvertrag gelöst (mit den besten Wünschen für Ihre berufliche Zukunft), sah sie keinen Grund, weshalb sie weiterleben sollte. Sie setzte sich eines Nachts in ihr Auto und fuhr auf einer abseits liegenden Landstraße gegen einen Brückenpfeiler. Der Wagen ging in Flammen auf.

Kaum eine Minute nach dem Aufprall kam der Arzt Dr. Franz Xaver M. auf seiner Heimfahrt vom Kegelclub vorbei. Er hatte ein Autotelefon und einen Feuerlöscher. Er wusste, wer zu alarmieren war (und wo). In kürzester Zeit waren Feuerwehr und Notarzt zur Stelle, man löschte den Brand komplett und schnitt Viktoria aus der Karosserie.

In der Klinik kämpften Ärzte und Schwestern erfolgreich um ihr Leben. Das erste Jahr stand sie fast ständig unter Morphium, weil die Schmerzen nicht anders zu ertragen waren. Mehr als 75 % der Haut waren verbrannt; jeder Muskel, der bewegt wurde, löste Nervenschmerzen aus. Als ihr allgemeiner Zustand sich einigermaßen stabilisiert hatte, begann man damit, in Nährlösung gewachsene Haut auf das offene Fleisch zu transplantieren.

Wann und wie hat sie realisiert, dass ihre Todesfahrt vergeblich war? Sie spricht nicht darüber. Lange gehen Ärzte und Bekannte von einem Unfall aus, nur die Versicherung nicht. Endlich können deren Vertreter und Psychiater Mutter und Tochter befragen: während die Mutter in Selbstmitleid versinkt und von ihrer Liebe und dem Unglück wabert, ist Viktoria nicht stark genug, eine Lüge aufrecht zu erhalten.

Etwa zwei Jahre nach dem Unfall wird sie aus der Reha entlassen. Ihre Wohnung gibt es nicht mehr, sie hat kein Geld, bei der Mutter will sie nicht sein. Sie bekommt bei der Heilsarmee einen Schlafplatz, Arbeit und Essen. Man sagt ihr, Gott habe ihr Leben gerettet, und dieser Glaube hilft ihr vorübergehend.

Erneute Operationen, um Narben zu lösen oder Transplantate zu ersetzen. Wieder in der Reha, ver-liebt sie sich in einen der Pfleger, der besonders nett zu ihr ist, glaubt, Gott habe ihr Leben für diese Liebe gerettet, verwechselt sein Mitleid und die professio-nelle Zuwendung mit Zuneigung, kann nicht verstehen, dass er keine Beziehung mit ihr eingehen will, als sie erneut ins Leben entlassen ist. Das Leben diesmal bedeutet die nächste größere Stadt, wo niemand sie kennt, Sozialhilfe, Ehe mit einem Junkie, Obdachlosigkeit, Drogen, Einweisung in eine ge-schlossene Anstalt.

Ich bin ihre einzige Freundin aus der Schulzeit. Als sie mich letzte Woche anrief, um mir zu erzählen, sie sei seit ein paar Tagen wieder entlassen, sah ich ihr verstümmeltes Gesicht vor mir, so wie ich sie vor gut einem Jahr gesehen hatte, und war voller Mitleid, hörte geduldig ihre Geschichten an. Als sie fragte, ob sie mich besuchen kommen könne, fiel mir ein Dutzend Ausreden ein, warum das in den nächsten Wochen nicht gehen würde. Warum ich nicht will, dass sie kommt? Ich fürchte mich vor meinen Reaktionen und weiß nicht, ob ich mehrere Tage lang die Depression, die sie verbreitet, aushalte.

Brigitta-Lea Scherleitner
Stumme Worte

Stumme Worte
bauen Wände
wachsen schneller
als du glaubst.

Und irgendwann
ist kein Platz mehr
für Fenster und Türen.

Suse Schneider-Kleinheinz
Die Schlinge

Zeitungsnotiz: Am frühen Abend des gestrigen Sonntag wurde von Spaziergängern im Felsengarten oberhalb Erdmarshausen ein gut gekleideter Mann tot aufgefunden. Gewaltanwendung oder Raubmord scheinen ausgeschlossen, da keine Verletzungen festzustellen waren und der Tote seine Wertsachen bei sich trug. Wer kennt den Mann? Sachdienliche Hinweise erbeten an ...

Sie hatte das Baby gar nicht sehen und es gleich nach der Geburt weggeben wollen unter Verzicht auf jegliches Einspruchs- und Fürsorgerecht. Da hatte es ihr die Hebamme auf den Bauch und nach dem Bad frisch gewickelt in den Arm gelegt. Nun hatte sie als Heimschwangere ein Bett auf der Entbindungsstation dritter Klasse. Mehrmals am Tag wurde ihr das Bündel gebracht, dessen Herzschlag und Atem sie spürte, in dessen Augen sie sah, und dessen suchendem Mund sie die Brust gab. Bei der Entlassung aus dem Wochenbett füllte sie wie zuvor vereinbart die Formulare der Verzichtserklärung und Freigabe zur Adoption aus, zögerte und schob sie ohne Unterschrift zurück.
Sie trug ihr Kind in ein Säuglingsheim. Für sie war hier keine Bleibe wie im Wöchnerinnenheim, wo man ihr für Hausarbeit in den letzten acht Wochen vor der Geburt Essen, Unterkunft und Wochenbettpflege gewährt hatte.

Sie kam täglich dreimal zum Stillen,
täglich zweimal – das Baby weinte viel und musste
Beinahrung bekommen,
noch einmal täglich
und blieb weg.

Nun neigte sich nur noch das fremde Gesicht, die fremde Stimme über sein Bett, nur noch die anderen Hände hoben es heraus.
Zehn Minuten Zeit für auswickeln, sauber machen, wiegen und Gewicht notieren, einwickeln, ins Bett legen, Flasche in den Halter, Sauger in den Mund, verlassen. Das nächste Baby.

Und alle acht Tage – streng nach Zeitplan – Schwesternwechsel.

Das Kind juchzte und zappelte, dass die Schülerin ihm nur mit Mühe das frische Hemd und Jäckchen anzuziehen vermochte. Im Nu strampelte es die Windel wieder weg. Da wurden ihm mit schmerzendem Griff die Beine festgehalten und eine Pampers umgeklebt, zurück ins Bett und wieder verlassen.
„Jetzt spuck bloß auch noch den Flaschensauger aus!"

Und alle acht Tage Schwesternwechsel.

Sie hatte eine glückliche und flinke Hand und brachte es fertig, mit den Kindern zu kosen.
In ihrem Beurteilungsbogen stand als Tadel: ‚Sie spielte mit den Kindern, anstatt den Raum sauberer zu halten.'

Und alle acht Tage Schwesternwechsel.

Im elften Monat krabbelte das Kind in der Dreizimmerwohnung bei einer jungen Frau und ihrem Mann, deren Briefadresse jetzt nicht mehr ‚Herrn und Frau ...' lautete, sondern ‚Familie ...'. Die Mutter der jungen Frau kam zu Besuch, um das adoptierte Ereignis zu begrüßen.
„Wie kann man solch ein Kind hergeben!" stieß sie verhalten hervor.
„Unser Glück!" lächelte die Frau.
Die Mutter hatte gemeint, ihr ganzes Erbarmen für ein ausgestoßenes, ‚hässliches Entlein' mobilisieren zu müssen, und fand sich einem feingliedrigen, hübschen Kind mit strahlenden Augen gegenüber, die jetzt allerdings voller Tränen standen. Die junge Frau nahm den Kleinen auf den Arm, streichelte und tröstete ihn, und die Mutter wartete, bis er auf ihren Schoß krabbelte.

„Schau," sagte die junge Frau, „das ist sein Zimmer."
Die Mutter sah das Kinderbett. „Muss er denn hier schlafen?" – „Aber wo denn sonst?" – „Überlege einmal: er war bis jetzt immer mit anderen im Zimmer. Nun wird er mit einer neuen Situation und einer fremden Umgebung konfrontiert und dann auch noch nachts allein in ein Zimmer gesteckt. Er muss sich ja furchtbar verlassen vorkommen. Schläft er denn gleich ein?" – „Nein, da sind Paul und ich bis zu zwei Stunden beschäftigt. Wenn ich ihn schlafen gelegt habe und aus dem Zimmer bin, krümelt er sich in

eine Ecke seines Bettchens, lutscht beide Daumen und weint so vor sich hin. Dann wechseln wir uns ab, ihn zu streicheln und in den Schlaf zu singen." – „Laßt ihr die Tür offen?" – „Aber Mutter, das wollen wir gar nicht erst anfangen." – „Stellt doch das Bettchen in euer Schlafzimmer!" – „Da ist kein Platz." – „Wenn das Kerlchen einmal erfahren hat, dass es in der Nacht bei euch ist, schläft es sicher auch leichter ein." – „Paul und ich wollen das Schlafzimmer und die Nacht für uns haben." – „Ach so," nickte die Mutter. Das Gespräch war beendet und das Kinderbett blieb an seinem Platz.

In der Schultasche steckten Mappen und Bücher der 10. Gymnasialklasse, hinter dem Schreibtisch lag ein Berg von Sportkleidung und -schuhen, an der Wand lehnte ein Cello neben dem Notenständer mit aufge-schlagenen Noten. Er saß auf seinem Couchbett, sein Bruder – er war zwei Jahre nach ihm adoptiert worden – kam aus dessen Zimmer zu ihm herüber, hockte auf dem schwarzen Schaffell vor der Couch, und sie kämmten Mädchen durch, wie sie derlei Art der Unterhaltung nannten.
„Sag mal," hänselte er schließlich den Jüngeren, „wird dir das nicht langweilig? Du hockst nun schon über ein Jahr mit derselben herum." – „Und du, du wechselst ja die Mädchen wie die Unterwäsche. Ich komm schon gar nicht mehr nach mit Zählen. Sag mal, wie geht's dir eigentlich, wenn du mal wieder eine Heidschnucke" (das war sein Wort für Mädchen) „verlassen hast? Mies?" – „Saugut! Im Vollbesitz aller meiner Kräfte! Und frei, so herrlich frei!" Dabei hatte

er den linken Fuß auf das rechte Knie gelegt und umfasste ihn am Knöchel mit der Hand. „Scheint eine Lieblingsstellung von dir zu sein", stellte der Bruder fest. „Ja," bestätigte er.

Ab und zu, schließlich immer öfter blieb sein Platz am Tisch unbesetzt, sein Bett unbenützt.
Er verstand es, per Autostop zu reisen, Kost und Übernachtung zu haben, wenn er es brauchte, einen Job zu bekommen, wenn er Geld in der Tasche haben wollte, und ein Mädchen in seine Arme zu lachen, wenn ihm danach zumute war. Es waren heftige und kurze Liebschaften. Und immer war er es, der sie beendete, und immer saß er danach in seiner Lieblingsstellung, umfasste und massierte den linken Knöchel und fühlte sich frei und spürte bei sich Kraft und Macht. Noch etwas war in diesen Momenten: er dachte den Buchstaben ‚V', wusste nichts damit anzufangen und vergaß. Vielleicht war es auch das Zeichen, das man aufs Papier setzt, wenn etwas abgehakt wird.

Nach 22 Monaten kehrte er heim. Die Eltern hatten ihn nicht gesucht oder gar polizeilich suchen lassen. Sie hatten die ganze Zeit eine der Haustüren unverschlossen gelassen, damit er hereinkönne, falls er käme, wenn zufällig niemand zuhause ist. Die Mutter und der Vater hatten in den Nächten gehorcht. Nun war er da und hatte eine Freundin dabei. „Wir sind schon seit drei Monaten beieinander!" gab er lachend dem Bruder ‚Rechenschaft'. Sonst wurde keine Re chenschaft gefordert oder gegeben. Das Aufatmen über seine Rückkehr – wenn auch noch auf unsicheren Beinen – war wichtiger. Er habe eine feste Anstellung in der Organisation des Fuhrhofs einer 200 km entfernten Stadt, eine hübsche Zweizimmerwohnung mit Doppelbett im Schlafzimmer, und die Eltern sollten sie beide mal besuchen, in vier Wochen vielleicht, denn jetzt seien sie im Begriff, Urlaub zu machen.

„Und wo ist deine Freundin?" fragten die Eltern, als er ihnen die Wohnung gezeigt hatte. „Mit ihr hatte es keinen Wert mehr. Nach dem Urlaub zog sie aus." Und er streckte sich, reckte die Arme seitlich hoch, dehnte seinen Brustkorb weit, atmete kraftvoll aus und sagte: „Den Zustand brauche ich wieder einmal."

Irgendwann kam es zur Heirat, Scheidung, Freundin, mal auch zwei zugleich im Wechsel, dazwischen Solozeiten.
Auch Wechsel der Arbeitsstelle, zwei Treppen hinauf, größere Wohnung in einem guten Stadtviertel, Freundin, solo, nächste. Es war immer dasselbe. Und immer stieß er die Gefährtin vor den Kopf, hinterließ offene Fragen, Ratlosigkeiten, Leere.
Das einzige, vielleicht, das sich änderte, war das ‚V'.
Es war ‚verlassen' daraus geworden, dann ‚Verlassenheit', schließlich eine Zahl mit Punkt, zum Beispiel, 28. Verlassenheit, die sich von mal zu mal nach oben änderte. Und schräg unter dem Wort sah er das Zeichen für ‚abgehakt'.

Als sportlich durchtrainierter Mittsechziger, in besten Verhältnissen lebend, ohne auch nur die geringste Alterserscheinung – an den bandagierten Knöchel hatte er sich gewöhnt – ging er im Halbschatten den gut angelegten Weg hinauf. Er trug einen modischen Leinenanzug, dazu passend Strohhut und leichte Schuhe. Das Spazierstöcklein, in einer spielerischen Laune gekauft, hatte er nur zur Zierde dabei. Er lebte soeben wieder einmal allein, war in seinem Wagen die weite Strecke hierhergefahren und ließ die Starre der Verlassenen hinter sich. Plötzlich, er hatte gerade die Höhe erreicht, packte jäher Schmerz seinen Knöchel. Eine Schlinge wurde ruckartig zugezogen. Er knickte ein, stürzte, stützte sich für nur wenige Schritte auf den Stock und hörte im Sausen seiner Ohren:

‚Gut, wirklich gut so. Diesmal wohl etwas zu stark am Seil gezogen? Ich addiere die Summe deiner Verlassenheiten, deren frühes Opfer du warst. Und jede, die du gerächt hast, hake ich ab. Gut hast du's gemacht, bis heute.'

Die Stimme schien sich hinter den Fels zu schieben und dröhnte trotzdem immer lauter hinter seiner Stirn.

‚Du wirst noch lange leben, denn die Zahl noch nicht abgehakter Verlassenheiten ist ...' –

„Schweig!" schrie er aus Leibeskräften. Die Felsen äfften den Schrei einander zu und stießen ihn weiter und weiter.

Und sein ganzes Leben schrie in diesem Schrei.

Brigitta-Lea Scherleitner
Unzertrennlich

Aneinandergelehnt
aneinandergeschweißt
immer zu zweit
haben sie über das Wir
das Ich vergessen.

Suse Schneider-Kleinheinz
Er hot nex

Er hot nex bei 're liege lasse.
Er häb nex bei 're vrlore, sagt se.
Etz hot 'r nex meh bei 're z'sueche.

Irmgard Osterrieder
Die Kastanie

Die Stimmung war nicht gut zwischen den drei Spa-
ziergängerinnen. Franzi war verärgert, weil Tina auf
Schwierig machte, und Irene versuchte zu vermitteln,
hatte gehofft, die frische Luft und die Harmonie, die ein
Schlosspark ausstrahlen kann, würde die beiden aus
ihrer Miesepetrigkeit herausholen, kam aber links und
rechts nicht so recht an.
Vielleicht lag es auch nur an der Schwüle des Au-
gusttages?

Eine Kastanie lag am Boden, eine kleine stachlige
Kugel, viel zu früh vom Baum gefallen. Irene bückte
sich und gab sie Tina. Die grüne Schale lag prall und
fest um den Kern.

Tina, die Kastanien nicht kennt, betrachtete sie ehr-
fürchtig, wollte wissen, was genau das ist, wie kann
man sie öffnen? Wie sieht es innen aus?

Während Irene noch zu einer Erklärung ansetzte, ihr zu sagen, man müsse zunächst behutsam die Schale lösen,
und Tina an der Schale herumfingerte und keine Möglichkeit sie zu öffnen sah,
riß Franzi ihr die Kastanie aus der Hand, warf sie auf den Weg, stampfte mit dem Absatz darauf und sagte: „So macht man das."

Tina hob die Kastanie vom Boden auf. Verwundert blickte sie auf das grünweiße Mus.

Brigitta-Lea Scherleitner
Jahrhundertsommer

Schwarze Tränen
auf rissigem Asphalt

im steinigen Bett
Flusserinnerung

und du kannst
Forellen hören
in Radiowellen.

Anna Maria Nagl-Lerch
Die Stunde verglüht

Die Stunde verglüht
in der Sonne

der Windhauch zaudert
im Hag

öde die Tränken
und leer

nach Regen nur
dürstet der Tag

Irmgard Osterrieder
Ich Weltzerstörer

Letztens habe ich einen Artikel gelesen über den CO_2-Ausstoß des täglichen Lebens. An vielen Stellen hat er die Grenze zur Farce, in meinen Augen, zumindest gestreift. Dennoch bin ich sehr nachdenklich geworden: Wie falsch, Flugzeuge, Autos und Fabriken verantwortlich zu machen für den Ausstoß riesiger Mengen von Kohlendioxyd! Ich ganz alleine produziere 11 Tonnen CO_2 im Jahr! Oh, oh.

Verzicht ist nötig. Verzicht etwa auf ein Bad. Obwohl es so wohltuend ist für Rücken und Seele, also das gesamte Wohlbefinden, stattdessen also Duschen, nur ein CO_2-Ausstoß von ca. 616 g pro Duschvorgang, etwa ein Sechstel dessen, was man für ein Bad braucht.
Oder noch besser für die Umwelt, wenn schon nicht für die Mitmenschen – gar nicht mehr waschen. Da ja auch Wasser langsam knapp wird.

Über Fabriken steht nichts in diesem Artikel. Eine Autofahrt ist veranschlagt mit 175g pro Kilometer. Eigentlich doch gar nicht sooo viel? Wenn man genug Zeit hat, wird man sich mit öffentlichen Verkehrsmitteln fortbewegen. Die fahren schließlich sowieso und sind deshalb sogar noch dem Radfahren oder Zufußgehen vorzuziehen. Selbst durch Daheimbleiben wird keine Minderung auf diesem Gebiet erreicht – also kann man sich genauso gut ins Getümmel stürzen?

Essen zubereiten, vom Frühstück bis zum Abendbrot etwa 1 kg CO_2. Besser wäre es, auf Rohkost umzusteigen, das senkt den Stromverbrauch enorm; man sollte natürlich auf exotische Gewürze verzichten und den Ausstoß der Schiffe und Flugzeuge damit beeinflussen? Wenn schon nicht verringern, so doch mitbestimmen? Tee und Kaffee müssen natürlich komplett aus dem Leben verbannt werden. Kräutertee vom eigenen Garten, Balkon oder der Fensterbank ist vielleicht grad noch erlaubt. Obwohl man dazu Wasser braucht und Gas oder Strom. Regionale Lebensmittel zu kaufen ist noch das mindeste an Einsparung, das hier geleistet werden kann. Ab und zu könnte man ja zum Essen gehen? Die Lokale kochen doch sowieso, egal ob ich was zu mir nehme oder nicht?

Saubermachen sollte ich in Zukunft mit Besen und Schaufel, so wie früher, ein Staubsauger ist völlig überflüssig.

Minutiös beschreibt der Autor des Artikels, dass er sein T-Shirt, das er seit 5 Jahren trägt, ca. 270 mal gewaschen hat und damit einen CO_2-Ausstoß von ca. 1 Zentner verursachte. Hat er immer nur das eine T-Shirt in die Waschmaschine geworfen? Dann hätte er es auch mit der Hand waschen können. Denn besonders gut einsparen lässt sich beim Wäschewaschen von Hand! Da kann man die Lauge mehrfach benutzen oder die ersten Spülwasser noch mal als Lauge verwenden. So haben unsere Großeltern und Eltern, ich habe als Kind selbst noch mitgeholfen. Wäre doch eine rechte Freude für die Umwelt, wenn auch nicht für die Hände. Denk ich an Omas Hände, tut mir das

Herz weh. Aber davon darf ich mich nicht beeinflussen lassen!

Licht, Musik, PC, TV und was dazugehört – Stromverbrauch! Es versteht sich von selbst, dass Standby total verboten ist. Nicht mal ein Instrument zu spielen würde ich mich trauen, sondern höchstens ab und zu eine Melodie trällern. Bewegte Bilder müssten sich im Kopf abspielen, Briefe statt eMail, oder keine Verständigung mehr zu anderen Menschen, die nicht nebenan wohnen. Dieser Text würde besser mit einer mechanischen Schreibmaschine geschrieben, gegebenenfalls mehrmals, Finger und Gelenke wären wund – bin ich wichtiger als die Welt?

Im Sommer lässt sich auf vieles verzichten. Wenn es aber in den Winter hineingeht? Nicht mal eine Kerze dürfte man mehr anzünden, denn auch wenn man damit Strom spart, so ist der CO_2-Ausstoß doch enorm, den so ein Kerzlein verursacht.

Reisen fällt natürlich komplett aus, da muss man nicht weiter darüber reden.

Will man, will ich alles ernst nehmen und beherzigen – ich denke immer noch an die 11 Tonnen im Jahr! – kann ich mich nur noch hinlegen und sterben. Und halt: natürlich muss ich vorher noch die letzten Verfügungen ändern. Denn eine Feuerbestattung ist unter diesen Gesichtspunkten absolut unmöglich!

Anna Maria Nagl-Lerch
Vergänglichkeit

Vergänglichkeit
gestundet
im gelben Licht

der Stille.

Brigitta-Lea Scherleitner
Immer noch nicht ausgereift

Immer noch nicht ausgereift
und doch in die Jahre gekommen

So ein Wirbel um die Säule
die dem Namen keine Ehre
macht mit Wirbelgleitverschiebung
fehlerhaft in Einzelteilen
mal zuwenig, mal zu viele
eingeklemmte Stränge nerven
provozieren Nadelspitzen
die sich in die Tiefe bohren
dass die Beine nicht mehr knicken
in den Betten lascher Sehnen
Knorpelschichtenbilder zeigen
eine Säule ohne Pracht.

Anna Maria Nagl-Lerch
Der Kater

Das Fell so dicht
so struppig

voll Narben das Gesicht

die Zähne stumpf

die Augen trüb

und rauh die Stimme
die um ein Streicheln bat

leis', wie er gekommen war
verschwand er in den Tag.

Ich sah ihn wieder
sah die Narben
und auch die Wunden
und ich sah den fernen Blick
in seinen trüben Augen

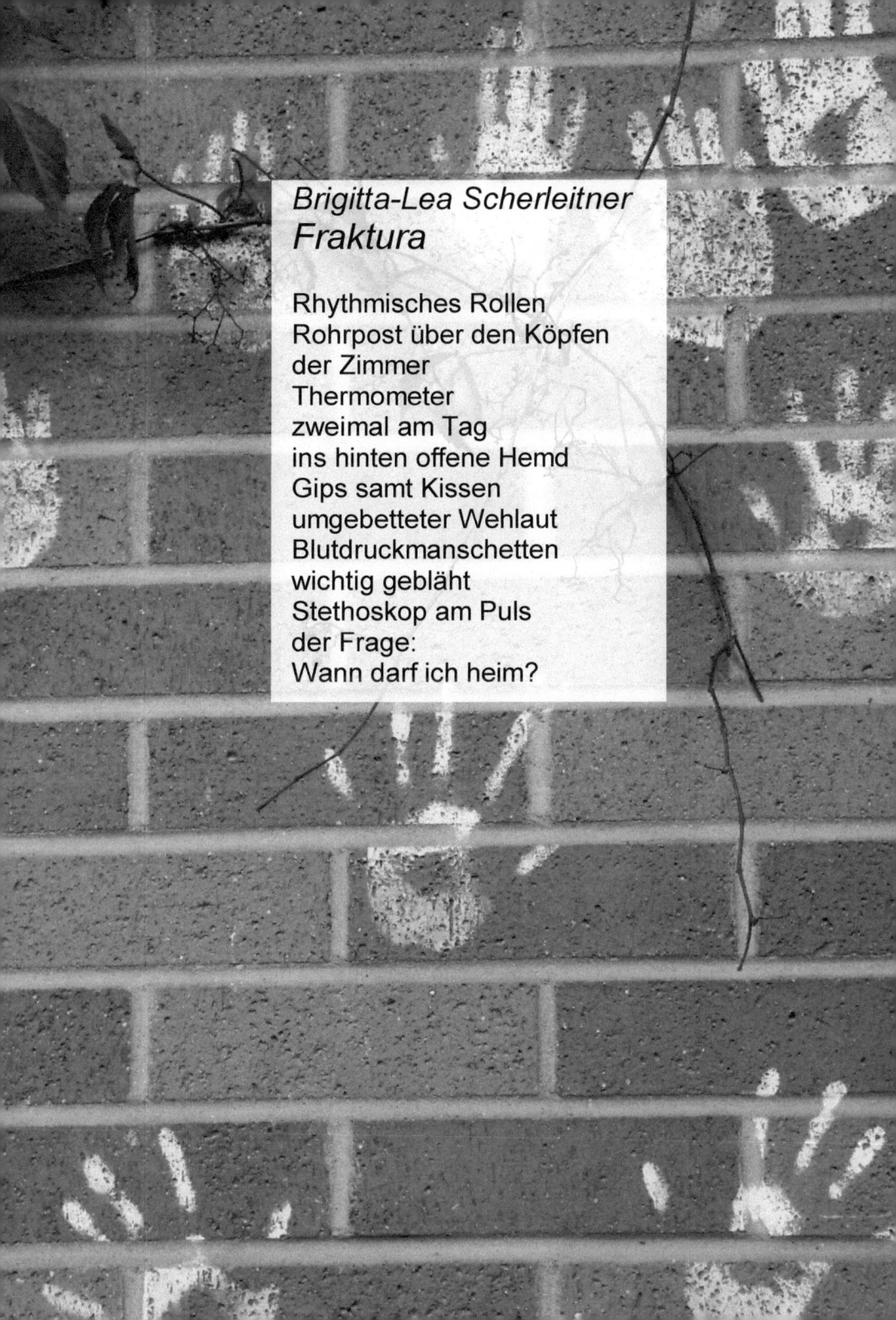

Brigitta-Lea Scherleitner
Fraktura

Rhythmisches Rollen
Rohrpost über den Köpfen
der Zimmer
Thermometer
zweimal am Tag
ins hinten offene Hemd
Gips samt Kissen
umgebetteter Wehlaut
Blutdruckmanschetten
wichtig gebläht
Stethoskop am Puls
der Frage:
Wann darf ich heim?

Ich tanze das Blau

Anna Maria Nagl-Lerch
Ich tanze das Blau

Erblüht
der Sommer
unter den Sonnen.

Ich tanze das Blau
glückstrahlend.

Suse Schneider-Kleinheinz
Orgelblitz im Neckartal

In Sulz am Neckar schlug der Blitz in die Kirche und traf die Orgel. Der Kirchengemeinderat beschloss, den Orgelsachverständigen für Württemberg kommen zu lassen, damit er sagt, was mit der Orgel zu tun ist. Der Kirchengemeinderat August Kröner, Uhrmachermeister, bekam den Auftrag, den Orgelsachverständigen Hegele aus Nagold zu benachrichtigen, zu empfangen und zu führen.

Beim Orgelsachverständigen Hegele war damals gerade seine etwa zwanzigjährige Schwägerin Wilhelmine Blind aus Nürtingen zu Besuch. Er sagte zu ihr: „Minele, gehsch mit nach Sulz?" Und das Minele sagte freudig: „Ja."

Der Uhrmacher Kröner erfüllte seinen Auftrag und hatte seinen Gefallen an der jungen Schwägerin. Die Orgel wurde repariert und spielte wieder. Aber Amor wollte es, dass der Blitz im nächsten Sommer wieder in die Orgel schlug. Abermals wurde Hegele gebeten, nach dem Rechten zu sehen, und der Uhrmacher Kröner bemerkte bei der Einladung gleich, er möge „dees nette Mädle" wieder mitbringen. Zum Empfang nahm er einen Blumenstrauß an die Bahn und überreichte ihn der jungen Schwägerin in der stillen Hoffnung, dass sie seine Schwiegertochter würde.

Nun schrieb der Vater an seinen ältesten Sohn Julius, der damals als Uhrmachergeselle in Berlin brieflich allzu begeistert von den schönen Berliner Mädchen schwärmte:

Lieber Julius!

Du bist in den Jahren, wo Du Dich selbständig machen und einen Hausstand gründen solltest. Aber ich wünsche mir keine Berlinerin als Frau für Dich. Komm lieber wieder ins Schwabenland und such' Dir hier die Rechte.

Der Sohn nahm Urlaub und folgte dem Vater. Man veranstaltete eine Wanderung ins Donautal bis Beuron, und bei der größeren Gesellschaft waren unter anderen auch das Minele und der Julius dabei. Eingeweiht war nur der jüngere Bruder Otto (er ist damals Notarsgehilfe oder so was gewesen in Nagold). Und siehe da, am Ende der Wanderung hatte sich ein Paar gefunden. Julius ist bald wieder zurück nach Berlin und hat dann in Friedrichshafen 1893 ein Geschäft gegründet:

„Julius Kröner – Uhrmacher, Optiker und Juwelier",
und einen Hausstand mit dem Minele Blind.

Suse Schneider-Kleinheinz
Zu schwer

Habe mit einer Minisackkarre einen Maximüllsack mit Giersch, Quecken und Disteln aus dem Garten für die Deponie zur offenen Heckklappe von meinem Auto gefahren. Es ist kein Problem, die leichte Karre unter dem schweren Sack hervorzuziehen und in der Garage zu verstauen. Aber dann stehe ich neben ihm und überlege, mit welchen Handgriffen und Anstrengungen von Rücken und Knie ich ihn möglichst ohne Schaden für mich und ihn in den Kofferraum bringe. Schon oft hatte ich so einen oder auch zwei im Auto, aber immer hat ein kräftiger Helfer mit angepackt. Ich rede mir gut zu, dass ich das heute allein schaffe.
Gleiche ich so neben Auto und Sack stehend einem lebenden Fragezeichen?

Von der Landstraße biegt ein Motorrad in unseren Weg ein,
hält,
der Fahrer steigt ab,
„Muss der dahinein? Der ist doch viel zu schwer für Sie",
sagt's,
packt ihn mit beiden Armen, stemmt ihn hoch, schiebt ihn in den Kofferraum,
steigt auf,
wendet
und ist weg.

Engel brauchen keine Flügel.

Peter Inzen:
Schön

Schön:
Gebraucht werden,
aber nicht benutzt.
Ich gebe dafür Geduldsarbeit
– gerne!

Irmgard Osterrieder
Inwendig leichta no

Leicht muaßt wern, leicht
wiar a Woikn
drom am Himme.
Oda leichta no: wia da Schneä
wenn de Flockn runtatrudln

Leicht muaßt wern, leicht
wiar d'Trauaweidn
de Zweigal üban staadn Säh hengt –
Oda leichta no: wia a Bladl
davo ans Wassa hikimmt

Leicht muaßt wern, leicht
wiar a Vogl,
a Blaumeisal, a Zaunkönig –
Oda leichta no: wiar a Feda
de a Vogl valorn hod.

Leicht muaßt wern, leicht
wiar da Wind
üba a Sommawiesn streicht.
Oda leichta no: wia a Seufza,
a kloana, voi Glück.

Yan Yan Ping
Wenn Regen fällt

Wenn Regen fällt,
zwitschert kein Vogel
bellt kein Hund
die Menschen bleiben in den Häusern,
es ist still, wenn Regen fällt!?

Tropfen tanzen auf Blättern
auf dem dunklen See,
rauschen in den Bäumen,
ein Singen in der Luft.

Glücklich
wer hören kann,
wie Regen fällt!

Peter Inzen
Jakob der Rabler

Eulen gelten uns als Symbol für Weisheit. Meisen spricht man Schlauheit und Lernfähigkeit zu. Raben und Krähen stehen für Lernfähigkeit u n d Schlauheit u n d Weisheit. Wir wissen, dass Nebel- und Saatkrähen alljährlich auf ihren Reisen weite Strecken überwinden und immer wieder an angestammte Orte zurückkehren; auch, dass sie sich in großen Städten allabendlich zu Tausenden auf den immer gleichen Bäumen treffen, um nach Einbruch der Dunkelheit zu einem gemeinsamen Schlafplatz weiterzuziehen.
Nur unzureichend können wir uns die ‚rabiose' Leistung erklären, die dahinter steckt.

Erst kürzlich erlebte ich, dass unsere Bundeshauptstadt einen raben-krähischen Abgeordneten hat:
Etwas einfallslos nennen ihn die Leute dort JAKOB. So, wie sie übrigens Raben und Krähen oft nicht zu unterscheiden wissen. Doch JAKOB ist das egal.
Wie so viele Abgeordnete genießt auch er lieber die Umgebung des Reichstags und Kanzleramtes, als irgendwelche Büros und Sitzungsräume. Also trifft man ihn eher in den Ausläufern des Tiergartens an. JAKOB ist gesprächig und sehr zutraulich.
Er kennt uns Menschen.
Auch mein Fahrrad nimmt er sofort in Augenschein und in Beschlag. Dabei beginnt er selbstbewusst über die sprachliche Verwandtschaft von RAD und

RABE zu dozieren. JAKOB behauptet, das Wort RAD komme von RABE, und spricht von FAHRRAB, RABLENKER, VORDERRAB, RABLAGER, ...

Nach vorne gebeugt sitzt er auf dem Lenker und schwärmt von RABRENNEN, bevor er sich wieder lässig aufsetzt, um sich guckt und von gemütlichen RABTOUREN erzählt.

Ich lausche verblüfft, wage nicht, zu widersprechen, wundere mich nur ein wenig. Hat JAKOB einen Sprachfehler? Oder kann man in seinem Fall eher von Lese-Rechtschreibschwäche sprechen? Vielleicht aber handelt es sich auch bei JAKOB DEM RABLER wieder mal um ein Phänomen der Natur, das wir Menschen nur erstaunt wahrnehmen, aber nicht im geringsten verstehen können.

Anna Maria Nagl-Lerch
Bewahrt

Bewahrt
das Lied
im späten Sommer
ich lausche der Freude
singe.

Brigitta-Lea Scherleitner
Lucius Licinius grüßt Pompeius!

Lucius Licinius grüßt *Pompeius! Ave!*
Auf meiner Reise durch den südlichen Teil Germaniens kam ich in eine *civitas.* Ich hatte Glück, es war der Tag der *nundinae* auf dem *forum.* Der *circulator* auf dem Marktplatz pries seine Ware an und schrie sich die Kehle heiser.

Ich trat näher. Da sah ich sie. Eine schöner als die andere. Selbst der Sonnengott Sol hielt auf seiner Fahrt über den Himmel inne und blieb im Zenit stehen. Ich deutete auf eine der Schönen mit honigfarbiger Haut und fragte den *mercator* nach ihrem Namen. Er sagte etwas, das ich aber nicht verstand. Es klang wie "Apri" oder similis. Er war wohl schon zu heiser vom Schreien. Ich aber hatte nur Augen für sie und ihre Rundungen. Anfassen wollte ich sie, ihre zart rosa Apri-Bäckchen streicheln, sie ins zarte Fleisch kneifen. Ich wollte wissen, was mich erwartete. Aber ich wurde von dem ungehobelten *mercator* angebellt wie von einem *canis.* Berühren sei verboten. Ich dürfe sie erst anfassen, wenn ich sie gekauft hätte.

"Höre, du *agricola*", sagte ich, und war mit Absicht beleidigend, einen Händler einen Bauern zu schimpfen war eine Beleidigung. "Ich kaufe doch nicht *feles in saccu*, die Katze im Sack. Aber *antea* will ich wissen, wieviel du verlangst."

"Meine Ware ist erstklassig", sagte der *mercator* missmutig, "bisher war noch jeder zufrieden. Hast du sie einmal erstanden, wirst du nicht genug bekommen können. Ihr feiner Duft wird dich verfolgen, ein Biss in ihr Fleisch wird dich mit Freuden erfüllen. "

Der *mercator* beherrschte sein Handwerk, das musste ich ihm lassen. Ich konnte es kaum erwarten, sie endlich zu besitzen und fragte nach dem Preis.

Der unverschämte *mercator* wollte einen *Denar,* den er natürlich nicht bekam. Nach langem Feilschen einigten wir uns auf eine Handvoll *Sesterzen.* Den Korb bekam ich noch als Draufgabe.

Salve!

Hier endet der Brief auf der Tontafel. Anhand der Zeichnung und eines Wortfragmentes konnten die Archäologen rekonstruieren, dass besagter Lucius Licinius Lucullus eindeutig von *prunum Armeniacum*, der Aprikose, geschwärmt hatte.

Anna Maria Nagl-Lerch
Gesungen

Gesungen
die Meere
an blinde Ufer
ich schöpfe die Welle
sehe.

Peter Inzen
Verheiratet, Kinder

☒ verheiratet   ☒ Kinder   ☐

Sie lassen nicht ab,
mich zu fragen,
ob ich verheiratet sei,
ob ich Kinder hätte
und wie viele ...

Also erkläre ich mich
verheiratet, sie heiße Freiheit,
der Kinder gäb's viele,
der heutige Tag sei
eines davon.

Brigitta-Lea Scherleitner
Im Falle einer Falle

Etwas war anders. Das wusste ich beim Betreten des Kellers sofort, blieb stehen und blickte mich um: Auf den Regalen ein Karton neben dem anderen, auf dem Boden Faltschachteln mit Krimskrams, der dringend sortiert werden musste, und Behälter für den Flohmarkt. In der Ecke neben der Tür verpackte Bilderrahmen für die nächste Ausstellung. Nichts Auffälliges und doch – etwas hatte mich irritiert.

Durch das gekippte Fenster drang ein schwacher Luftzug herein. Ich schnupperte und plötzlich roch ich – ja, was eigentlich? Ich konnte den Geruch nicht einordnen, obwohl ich wusste, dass ich ihn kannte.

Wird schon nicht gefährlich sein, dachte ich und musste mich erst erinnern, weswegen ich hier war: ich wollte die Box mit den Englisch Lernkarten. Ich sah sie nicht gleich, denn die voluminöse Plastiktüte, in der ich die geschäumten Papierröllchen wusste, lehnte davor. Ich hob diese hoch, sie fiel in sich zusammen. Nanu? Oben war sie doch zugebunden, wo war mein Füllmaterial? Ich drehte die Tüte um. Sie hatte ein gezacktes Loch im Boden. Eigentlich hätte da meine innere Schaltzentrale gleich Alarm schreien müssen, aber mein Gehirn weigerte sich, die Wahrheit anzuerkennen.

Ich nahm die Papierbox in die Hand und drehte sie hin und her. Eine Kante war ausgefranst und erweiterte sich zu einem Loch am Boden. Die Lernkarten schienen aber unversehrt zu sein. Vorsichtshalber sah ich sie genauer an: Eine Karteikarte mit der Abbildung eines Brotlaibs. Auf dem nächsten Zettel das passende englische Wort, „bread". Ich blätterte mich durch die Vokabeln für Lebensmittel. Alles in Ordnung, dachte ich. Der gezeichnete Käse war allerdings etwas gelbstichig. Das dazugehörige „cheese" hatte die passenden Löcher. Die stammten nicht von mir. Also doch!

Obwohl schockiert, musste ich lachen. „Eine Maus, die Englisch kann!" Wo konnte sie sich versteckt haben?

Im hintersten Winkel des Kellers sah ich den Inhalt der Tüte – aufgeschäumte Papierbällchen – fein aufgeschichtet und davor ein Nest aus Plastikresten. Von der Maus selber keine Spur.

Ich hatte gerade begonnen, den Papierberg abzutragen, da hörte ich die Klingel an meiner Wohnungstür. Ich versperrte den Keller und eilte einen Stock höher. Der Postbote hatte ein Paket für mich: die lang erwartete Sendung des Kunstgroßhandels.

Auspacken, Artikel auf dem Lieferschein abhaken, den neuen Katalog durchblättern. Vergessen der ungebetene Gast.

Am Abend Besuch von Freunden. „Eine Maus im Keller? Mach sie tot."

„Aber das ist eine, die Englisch kann", gebe ich zu bedenken.

„Reiner Zufall", ist die Antwort, "besorg dir eine Falle!"

Am nächsten Morgen betrete ich den Keller mit gemischten Gefühlen. Sind meine Bilderrahmen noch unversehrt? Nach gründlicher Inspektion bin ich erleichtert. Offensichtlich hat diese Maus auch Kunstverstand. Ein Grund mehr, sie am Leben zu lassen. In der Ecke, wo sich am Vortag noch ein Papierröllchenberg befand, liegen nur mehr ein paar Krümel und Mäusekot. Der Schreck hat sich meiner Bewohnerin wohl auf den Darm geschlagen.

Sie muss weg, das steht für mich fest, sie soll aber freiwillig gehen.

Plötzlich habe ich eine Idee.

„Wenn das klappt, gehen wir beide in die Geschichte ein", sage ich laut in Richtung der anderen Kellerecke und ziehe drei unbeschriftete Zettel aus der Lernbox.

„Geh!" sage ich und schreibe auf das erste Blatt in Großbuchstaben „GO!"

Zum besseren Verständnis zeichne ich einen Pfeil in Richtung der geöffneten Kellertür. Auf die anderen beiden leeren Karten schreibe ich „YES" für „Ja" und „NO" für „Nein".

Um der Maus das Lesen zu versüßen, lege ich ein kleines Stück Schokolade dazu.

Am nächsten Morgen stehe ich früher auf als sonst. Mit einem Stückchen Käse vom Frühstück betrete ich den Keller.

Die Schokolade ist weg, die Zettel liegen ein wenig verschoben auf dem Boden. Ich kann nicht glauben, was ich sehe. Das Wort „NO" hat ein deutliches Loch. Ein Zufall?

Ich wiederhole das Experiment. Dieses Mal werde ich deutlicher. „Geh!", sage ich „oder stirb!" Ich zeichne eine Maus, die tot auf dem Rücken liegt, lege die

Skizze neben das Wort „DIE!" Die angebissene „NO" Karte ersetze ich durch eine neue.

Am nächsten Tag dasselbe Bild: Das Futter ist weg, das Wort „NO" hat dieses Mal drei Löcher.

Nun bin ich erst recht gewillt, die Maus am Leben zu lassen.

Ich gehe in die Wohnung und denke nach. Freunde haben mir inzwischen eine Lebendfalle vorbeigebracht: ein Iglu-artiges Messingdrahtgebilde mit einem kleinen Einschlupf von oben und einem größeren von der Seite. Einmal im Inneren gefangen, kann die Maus selber nicht mehr nach draußen fliehen, durch einen Schuber am Boden aber jederzeit ins Freie entlassen werden.

Ich will ihr noch eine Chance geben. Ich zeichne einerseits das tote Tier. Dann die Alternative: die Lebendfalle, von der ein Pfeil zu einem gezeichneten Terrarium führt, in dem eine Maus vor einem riesigen Futterangebot sitzt.

„Hoffentlich bist du so schlau, wie ich meine!"

Peter Inzen
Abschiede

„Und DU
   – hast keine Tränen?
   Wirst uns nicht vermissen?"

„ICH drück' euch an mich, Freunde!
   ICH will, statt Traurigsein
   Mich froh an euch erinnern
   ICH freu' mich schon
      auf's Wiederseh'n!"

Suse Schneider-Kleinheinz
Dass Augenblicke wieder werden

Kommst aus
fernen, kühlen Jahren,
da wir uns fremd geworden.

Steckst ein
Licht in meine Tage,
dass Augenblicke wieder werden.

Anmerkungen zu den Autoren

Peter Inzen, (1956) geborener Münchner. Anwendungsorientierter Erlebnissammler. Schreiben als Mittel, Eindrücke zu verdauen und Erlebnisse zu verarbeiten

Anna Maria Nagl-Lerch, geboren 1946 in Koblach, Österreich: 2009 erschien der Gedichtband „ein junges Wasser fließt".

Irmgard Osterrieder, geboren 1948 in München. „Es gibt wenig, das mir wichtiger ist, als Schreiben."

Yanyan Ping, geboren 1980 in Shanghai, studierte Theater- und Kommunikationswissenschaft. Als Journalistin arbeitete sie für bekannte chinesische Zeitungen und Zeitschriften. 2003 veröffentlichte sie ihr erstes Buch

Brigitta-Lea Scherleitner, geboren 1946 in Innsbruck, Österreich. Volks- und Hauptschullehrerin, in der Lehrerausbildung tätig. Schreibt Lyrik, Kurzprosa und Kindergeschichten. Spätberufene Studentin an der Privaten Kunstakademie in Nürnberg – das Malen hat inzwischen den gleichen Stellenwert wie das Schreiben bekommen. Lesungen und Ausstellungen in Tirol und München.

Suse Schneider-Kleinheinz, Jahrgang 1928, aufgewachsen in einer Lehrerfamilie, fünf Geschwister. Verheiratet, zwei Kinder, fünf Enkelkinder. Schreibt Kurzgeschichten und Gedichte. „Und in jedem steckt ein Stückchen umgesetztes, unmittelbares Erleben." Veröffentlichungen in Anthologien und Zeitschriften im deutschsprachigen In- und Ausland. Seit Herbst 1998

das erste eigene Buch, „Asmién und Musamose",
Fouqué Literaturverlag.

Herausgeberin
Dr. Marie-Luise Grünig-Martin, geboren 1949, Litera-
turwissenschaftlerin und Diplom-Pädagogin für Er-
wachsenenbildung, seit 1984 Leiterin der Montags-
werkstatt.

Peter Inzen
M-L G-M

Sie
führt Regie
bei uns'rer Montagswerkstattpoetry.
Ich schätze die konstruktive
Harmonie.

Inhaltsverzeichnis

III Über kahles Geäst geht die Zeit

IV Ich tanze das Blau